아빠,
한국사여행
떠나요!

주말에 떠나는 한국사 여행 시리즈 4

아빠, 한국사 여행 떠나요!

김민아 쓰고 × 나인완 그리다

48주간의 생생한 한국사 대탐험

· 조선시대 전기 ·

코알라
스토어

들어가며

"아휴, 시시해!"

선생님이 가르치는 한국사 탐험단에는 투덜이가 있어요. 투덜이는 역사를 공부할 때마다 툴툴댑니다. 먼 옛날 이야기는 배워서 뭐 하냐는 거죠.
구석기 시대 돌도끼에 대해 설명해 주면, 선생님은 돌도끼로 사냥해 봤느냐면서 그런 돌로 어떻게 토끼를 잡냐고, 말이 안 된다고 합니다.

또 한 번은 단군신화를 읽다가 가슴을 치면서 이렇게 말했죠.
"뭐 이런 이야기가 역사예요. 완전 사기잖아요!"

타임머신을 타고 단군신화 속 세상으로 간다면 호랑이한테 일러 줄 거랍니다. 환웅이 100일 만에 사람이 되게 해 준다고 해 놓고서는, 호랑이가 뛰쳐나가자 21일 만에 곰을 사람으로 만들어 줬다고요. 그리고는 거짓말을 한 환웅을 벌주고 말겠다고 단단히 벼릅니다.

선생님도 어릴 때 사실은 투덜이랑 비슷했어요. 역사는 어렵고 따분하기만 한 과목이었죠.

그런데 한 번은 고구려 사람들이 그린 상상의 동물 주작 그림을 본 적이 있어요. 금세 홀딱 반해 버렸죠. 주작을 타고 고구려의 하늘을 훨훨 나는 상상을 하며 한참 즐거운 시간을 보내곤 했답니다.

친구들도 이런 생각 해 본 적 있죠? 진짜 그런 일이 벌어진다면 정말 신날 것 같지 않아요?

또 선생님은 조선시대의 역사를 책으로 공부하기보다는 조선시대의 장터를 직접 구경해 보고 싶어요. 그게 훨씬 재미있을 것 같죠? 그리고 꼭 해 보고 싶은 게 있어요. 백성들을 괴롭히는 못된 탐관오리한테 똥침을 놔 주고 오는 것! 상상만 해도 신나지 않나요?

그런데 그런 일이 벌어지고 말았어요! 상상이 진짜로 펼쳐졌다니까요? 바로 이 책에서 말이죠.

선생님과 한국사 탐험단은 여러분과 역사 속으로 시간여행을 떠날 거예요.

우리 탐험단은 시시하고 지루한 역사는 딱 질색이에요. 생생하고, 신나고, 재미있어야 해요. 그렇지 않으면 투덜이가 얼마나 툴툴대는지 견딜 수가 없거든요. 여러분도 그렇다구요? 선생님도 그래요.

그럼 우리 이제부터 신나는 한국사 시간여행을 떠나 볼까요?

친구들과의 한국사 여행을 기다리는 선생님들이.

차례

들어가며 004
등장인물 008
프롤로그 010

스물다섯 번째 여행

새 나라 조선이 들어서다

새 나라를 세우고, 도읍지를 정하다 014
조선 최고의 땅, 한양 017
조선 왕실의 사당, 종묘 020
땅과 곡식의 신에게 제사 지내는
  신성한 땅, 사직단 023
경복궁의 비극, 두 번에 걸친 왕자의 난 026
또 하나의 궁궐, 창덕궁 029
신덕왕후의 눈물 032

한양 문화유산 지도 만들기 036
한눈에 정리하기 037
조선 건국과정으로 시간여행을 떠난다면? 038

스물여섯 번째 여행

조선의 수도 한양

한양의 중심가, 운종가와 육조거리 042
한강을 가로지르는 청계천 045
한양의 동쪽문, 흥인지문 048
한양을 둘러싼 한양도성 051
호랑이가 살았던 인왕산 054
한양의 정문, 숭례문 058
남산의 원래 이름, 목멱산 061

한양도성도 그리기 064
한눈에 정리하기 065
조선 초 한양으로 시간여행을 떠난다면? 066

스물일곱 번째 여행

조선의 문화와 과학의 발달

세종대왕을 만나러 가는 길 070
백성을 가르치는 바른 소리, 훈민정음 073
백성이 사랑한 글자, 훈민정음 076
조선의 하늘을 관찰하다 079
조선의 음악을 발전시키다 082
집현전 신하들 085
나라 안팎을 튼튼하게 지키다 088

〈세종대왕을 기리다〉 특별전 꾸미기 092
한눈에 정리하기 093
세종시대로 시간여행을 떠난다면? 094

스물여덟 번째 여행

조선시대 사람들은 어떻게 살았을까?

신분이 나뉜 조선 098
쉴 틈 없는 왕의 하루 101
평생 공부하는 양반 104
조선 최고의 부자는 역관 107
농사는 세상의 근본이야 110
말하는 짐승, 노비 113
조상들의 일생, 나이살이 116

신분대로 역할을 나누어 연극해보기 120
한눈에 정리하기 121
조선시대 신분제도를 찾아 시간여행을 떠난다면? 122

스물아홉 번째 여행

어린 임금의 슬픔

열두 살 단종, 조선의 6번째 임금이 되다	126
세조, 왕위에 오르다	129
단종의 복위를 꾀하다	132
청령포로 유배온 단종	135
한 많은 단종의 무덤, 장릉	138
세조에서 성종까지	141
나라의 제도를 완성한 성종	143
태조부터 성종까지 왕계보도 만들기	146
한눈에 정리하기	147
단종의 이야기를 알 수 있는 시간여행을 떠난다면?	148

서른 번째 여행

새로운 세력, 사림

조선의 법전, 경국대전	152
백년 만에 돌아 온 선비들, 사림	155
연산군, 폭군이 되다	158
중종반정이 일어나다	161
대쪽 같은 선비, 조광조의 개혁	164
외척끼리 권력을 다투다	167
화를 입는 선비들, 사화	170
新 경국대전 만들어보기	174
한눈에 정리하기	175
사림의 시대로 시간여행을 떠난다면?	176

서른한 번째 여행

조선을 빛낸 대학자 퇴계와 율곡

도산서원으로 가는 길	181
뛰어난 유학자, 퇴계 이황	183
조선 최초의 서원, 소수서원	186
조선 최고의 선비들, 동방오현	189
구도장원공, 율곡 이이	192
자운서원에서 만난 신사임당	196
붕당의 시작	199
퇴계와 율곡 특별전 꾸미기	202
한눈에 정리하기	203
16세기 성리학이 이끄는 조선시대로 시간여행을 떠난다면?	204

서른두 번째 여행

조선을 뒤흔든 임진왜란

대마도로 간 사총사	208
대마도주 요시토시의 유언	212
전쟁은 일어난다 VS 일어나지 않는다	215
이순신의 승전보	218
의병의 승리	222
신무기 비격진천뢰	225
전쟁이 끝나고	228
한반도 지도 위에서 각자 임진왜란 지도 그리기	232
한눈에 정리하기	233
임진왜란 때로 시간여행을 떠난다면?	234

나오며 236
한눈에 정리하기 정답 238
사진 출처 239

등장인물

사총사와 함께 한국사 탐험을 떠나는 역사 선생님. 시도 때도 없이 과거로 시간여행을 가는 엉뚱한 성격이지만, 한국사를 설명할 때면 세상 누구보다도 진지한 모습이다.

한탐 선생님

"한국사는 정말 머리 아파."

❌❌

역사 공부는 정말 싫다고 외치지만, 한국사 탐험에 절대 빠지는 법이 없다. 운도 없고 되는 일이 없어도 늘 친구들과 함께한다.

투덜이

"문제집 푸는 것보다 돌아다니는 역사 여행이 더 재미있을 것 같아!"

❌❌

장난꾸러기이다. 공부보다는 게임이 좋고 축구가 더 재미있다. 그런데 한국사 탐험에 점점 빠져들어 간다.

장난이

"한국사 탐험! 생각만 해도 기대 돼!"

❌❌

친구들과 책이 세상에서 제일 좋다. 원래부터 역사를 좋아했다. 역사학자가 꿈인데, 역사를 가르치는 선생님도 되고 싶다.

똑똑이

"유적지나 박물관에 가면 재미난 이야기가 많겠지?"

❌❌

장래희망이 작가이다. 그래서 혼자일 때면 여러 가지 상상을 한다. 한국사 탐험을 하면서부터 상상할 거리가 더 많아졌다.

상상이

> 프롤로그

10살이 된 사총사의
흥미진진 한국사 탐방

오늘부터 새로운 한탐 선생님이 오신대요.
이번엔 또 어떤 선생님이 오실지, 이제는 기대보다 걱정이 앞서요.

박물관에서 처음 만난 새 한탐 선생님은 좀 이상했어요. 탐정 복장을 하고 계셨는데, 사람 얼굴이 그려진 그림과 용이 새겨진 천, 거북이가 장식된 무거운 금빛 도장을 탁자 위에 올려놓고, 이 물건들의 주인은 누구냐고 물으셨어요. 당연히 우리는 모르죠.

한탐 선생님은 역사연구는 탐정 놀이와 같은 거래요. 여러 증거를 모아 사건을 해결하고 범인을 찾아내듯, 유물과 유적 그리고 역사책과 같은 자료들을 연구해서 과거에 일어난 일을 찾아내고 맞춰가는 거라고요. 그렇게 생각하니 역사 탐방이 더 재미있을 것 같아요.

선생님은 조선시대 역탐을 떠날 때 알아두면 도움이 될 내용이라며, 어린이박물관에 있는 도서관에서 '유교, 양반, 5대궁궐, 조선왕조실록' 이 네 가지 뜻을 조사하면 집에 가도 좋다고 하셨어요.

★ 한탐 선생님의 과제물

유교
중국 공자의 가르침에서 비롯된 것으로, 나라에 대한 충성과 부모에 대한 효도를 중요하게 생각한다.

양반
글 쓰는 신하인 문반과 칼 쓰는 신하인 무반을 합쳐 부르는 말로, 조선의 지배층을 가리킨다.

5대궁궐
현재 남아있는 조선시대 궁궐인 경복궁, 창덕궁, 창경궁, 경희궁, 덕수궁을 통틀어 흔히 5대궁궐이라고 한다.

조선왕조실록
조선 태조 때부터 철종 때까지 472년 동안의 역사적 사실을 기록한 역사책이다.

25 스물다섯 번째 여행
새 나라 조선이 들어서다

서울이야! 세종대왕은 서울에 살았었대.

조선건국

✱ **한국사 탐험을 떠나기 전 미리 생각해 올 것!**

조선시대의 별명은 '기록의 나라'에요.
조선 초부터 많은 이야기를 기록해 두었어요.
두 번에 걸친 왕자의 난으로 태종은 강한 왕권을 차지했어요.

✱ **준비물**

조선시대 왕의 이름이 적힌 계보도, 필기구, 수첩

연표

- 1392년 조선 건국
- 1394년 한양 천도
- 1395년 종묘, 사직단, 경복궁 완공
- 1398년 1차 왕자의 난
- 1400년 태종 즉위
- 1405년 창덕궁 완공

조선의 왕을 다 외워야 해?

어떤 왕이 있나 일단 알아보고, 차츰 배우면 돼.

# 새 나라를 세우고, 도읍지를 정하다

이번 한탐 선생님은 어떤 분일까요? 똑똑이는 어릴 때 본 적이 있대요. 똑똑이 누나를 데리고 역사 탐방을 다니던 선생님이래요. 선생님은 박물관 입구에 계셨어요. 우리는 서먹했지만, 공손히 인사를 드렸어요.

"반가워요~ 여러분~ 어, 똑똑이 아닌가요? 정말 많이 컸네요. 옛날에 발 아프다고 맨날 불평했었는데, 이제 어떡하지요? 앞으로 선생님이랑 엄청 걸어다닐텐데. 하하. 다른 친구들도 반가워요. 선생님에 대한 얘기는 많이 들었나요? 선생님은 걷는 게 세상에서 제일 좋거든요. 선생님이랑 다니는 동안 여러분은 서울 시내를 백번 쯤 돌게 될 거예요. 발로 밟고 눈으로 보고 마음으로 느끼는 역사 탐방, 기대되지요? 자, 그럼 박물관으로 들어가서 인사해볼까요?."

첫 만남부터 우리는 잔뜩 주눅 들었어요. 선생님 목소리는 크고, 얼마나 말이 빠른지 숨도 안 쉬는 것 같았어요. 한탐 선생님은 앞으로 우리가 하게 될 탐방에 대해 얘기해 주셨어요. 조선시대는 역사 탐방할 유적지가 100군데가 넘을 거래요. 진짜 겁나는 건, 무조건 한

시간 이상은 걸어야 한다는 거예요. 원래 역사 탐방은 걷는 거래요. 그 외에도 유적지에서 지켜야 될 예절, 읽으면 좋은 역사 책, 역사 공부를 하는 방법 등 휴~ 끝도 없이 이야기보따리를 푸셨어요. 똑똑이 누나가 선생님 입에 기관총이 달렸다고 했는데, 그게 무슨 말인지 알 거 같았어요.

"처음 만난 기념으로 복습도 할 겸 고려시대 역사 퀴즈 한 번 해 볼까요? 고려시대 한탐 선생님이 여러분을 꽤 칭찬하셨거든요. 자, 시작!"

퀴즈는 주로 공민왕이나 신진사대부에 대한 것이었어요. 배운지 얼마 안 되기도 하고 탐방 기억이 생생해서 모두 맞췄어요. 어깨가 좀 으쓱하더라구요. 새 한탐 선생님도 칭찬해 주셨어요.

새 나라 조선이 들어서다 15

한탐 선생님은 첫 탐방은 조선을 세운 이야기를 찾아가는 여행이 될 거랬어요.

"이성계는 고려의 임금으로 개경에서 왕위에 올랐어요. 하지만 곧 고려의 이름을 버리고 조선을 세웠어요. 개경은 고려의 도읍지니 새로운 나라 조선의 도읍지는 다른 곳이 되어야겠지요. 나라 안의 이름난 땅은 모두 새로운 도읍지의 후보였어요. 그중 어디가 선택되었는지는 이미 다 알고 있지요? 그래요, 서울이에요. 조선시대에는 한성이나 한양으로 불렸어요. 한양은 어떤 곳인지, 무엇이 만들어졌는지 지금부터 알아보아요."

우리는 선생님과 함께 전시실로 들어갔어요.

조선 최고의 땅, 한양

전시실에서 선생님이 제일 먼저 가리킨 것은 지도였어요. 조선의 전체 모습이 그려진 지도 말이에요.

"새로운 도읍지 한양은 나라의 중심이었어요. 한강이 있어 교통도 편리하고 비옥한 땅이 넓어 많은 쌀을 수확할 수도 있었지요. 북쪽의 높은 산은 적을 대비하기에 좋고 서해와 한강을 통해 나라 안의 물자를 모으기에도 적합한 곳이에요. 어때요? 이만하면 괜찮은 도읍지 아닌가요?"

아, 저런 이유로 한양이 조선의 도읍지가 된 것이었군요. 하긴 삼국시대에도 서로 한강을 차지하려고 했었잖아요.

선생님은 한양을 빙 둘러싼 성벽이 한

• 조선전도

지도에 위치한 한양은 한반도 중앙에 있어, 나라를 다스리기 유리한 위치에 자리잡고 있어요.

새 나라 조선이 들어서다

양도성이랬어요. 탐방 동안 저 도성을 꼭 한 바퀴 돌 거라면서 씩 웃으셨어요. 그때만 해도 우리는 선생님이 왜 웃는지 몰랐어요. 암튼 한양이 그려진 '수선전도' 안에는 한양도성 말고도 궁궐과 도로, 하천과 산 등이 그려져 있었어요.

• 수선전도
조선시대 한양의 모습이 담긴 지도예요. 조선 후기에 김정호가 만든 것으로 전해지고 있어요. '수선'은 한양의 또 다른 이름으로, 주요 도로와 시설, 마을과 산 이름까지 나타나 있어, 한양의 모습을 잘 알 수 있어요.

"새로 도읍지가 되려면 필요한 것이 참 많았겠죠? 우리가 이제부터 하나하나 찾아다니면서 살펴볼 거예요. 오늘은 첫날이니 만큼 욕심내지 말고 다섯 곳만 다녀 보아요."

하지만 선생님은 아직 전시실에서 더 봐야 할 것이 있다며 안으로 더 들어가셨어요.

전시실 안쪽에는 조선시대 궁궐과 한양성벽, 조선시대 거리모습 등이 모형으로 만들어져 있었어요.

경복궁, 창덕궁, 창경궁, 경운궁(덕수궁), 경희궁… 선생님은 하나하나 손으로 가리키며 위치와 이름을 기억해 두라고 하셨어요. 사대문의 이름도 어렵지만 외워보자고 하셨죠.

동쪽의 흥인지문! 서쪽의 돈의문! 남쪽의 숭례문! 북쪽의 숙정문!

각각의 이름에는 유교의 가르침이 들어 있다고 했는데 무슨 뜻인지는 앞으로 탐방을 하면 알게 될 거라고 하셨어요. 궁궐과 사대문 말고도 종묘, 사직단, 왕릉 등 서울에서 갈 수 있는 유적지가 셀 수 없을 정도랬어요. 이 모든 것이 계획 하에 새롭게 만들어진 것들이라니… 정말 놀라워요. 최고의 도읍지 한양은 조선 최초의 신도시라고 해도 틀리지 않을 것 같았어요.

전시실 두 개를 봤는데 벌써 한 시간이 지났어요. 더 늦으면 곤란하겠죠? 자, 그럼 진짜 출발~

조선 왕실의 사당, 종묘

우리는 어디부터 갈 건지 궁금했어요. 그런데 선생님이 갑자기 드라마 배우 흉내를 내셨어요.

"전하~ 종묘와 사직을 생각하시옵소서! 역사 드라마에서 한 번쯤은 들어 본 말이죠? 우린 먼저 종묘와 사직을 탐방 갈 거예요. 부지런히 걸으면 종묘까지는 20분이에요. 렛츠 고~"

종묘는 우리도 좀 아는 곳이죠. 지난번 고려 역탐 때 선생님과 온 적이 있는 곳이에요. 그때는 공민왕 사당에서 특별한 경험도 했었어요. 세계문화유산이기도 한 종묘는 언제 오더라도 조용한 숲 속 같아 좋아요. 돌아가신 분들이 계신 곳이라서 그런 걸까요?

"종묘는 왕과 왕비의 영혼을 모신 곳인데 새로운 나라를 열면서 궁궐보다도 먼저 완성된 곳이에요. 조선은 유교로 나라를 다스렸는데, 조상들에게 제사를 드리는 걸 아주 중요하게 여겼지요. 종묘의 중심 건물인 정전은 제사를 지내는 건물 중에서는 세상에서 제일 긴 건물이에요. 길이가 100미터가 조금 넘어요."

정전은 도대체 몇 칸짜리 건물인지 한눈에 들어오지 않았어요. 가

운데만 열아홉 칸이에요. 어! 그런데 조선시대 왕은 태정태세문단세, 예성연중인명선, 광인효현숙경영, 정순헌철고순, 모두 스물일곱 명인데 칸이 너무 적은 거 아니에요?

"법도 대로 하자면 정전에 모신 왕과 왕비의 신주는 시간이 지나면 영녕전으로 옮겨서 따로 모셔야 해요. 하지만 나라를 잘 다스린

• 종묘 정전

종묘는 조선시대 왕과 왕비의 신주를 모신 곳이에요. 정전에는 열아홉 분의 왕과 그 왕비들이, 영녕전에는 열여섯 분의 왕과 그 왕비들이 모셔져 있어요. 돌아가신 뒤에 왕으로 올려진 분들도 계시지만 쫓겨난 왕인 광해군과 연산군의 신주는 모셔지지 않았어요.

새 나라 조선이 들어서다

왕은 옮기지 않고 계속 같은 자리에 모시다 보니 무려 열아홉 칸이나 만들어졌지요. 그럼 옮겨간 왕은 나쁜 왕일까요? 그렇지는 않아요. 왕위에 오래 계시지 못하고 일찍 돌아가시거나 단종처럼 쫓겨났다가 다시 복원된 왕, 그리고 돌아가신 뒤에 왕으로 올려진 분들이 영녕전으로 옮겨진 것뿐이에요."

하긴 모두 조상들인데 일부러 차별하지는 않았을 거 같아요. 정전 앞에는 공신당도 있었어요. 공신당은 어떤 곳이죠?

"공신당은 왕을 잘 보필한 신하를 모신 곳이에요. 신하들의 바람은 죽은 뒤에 이곳에 왕과 함께 모셔지는 것이지요. 모두 여든세 분이 있는데 황희 정승, 율곡 이이, 퇴계 이황, 민영환 같은 분이 대표적이에요."

우리들 질문에 막힘없이 이야기해주시는 선생님이 대단하긴 했지만 얼른 두 번째 장소로 가고 싶었어요.

땅과 곡식의 신에게 제사 지내는 신성한 땅, 사직단

선생님은 종묘를 나오면서도 이야기를 그치지 않으셨어요.

"조선의 역사 500년이 이어지는 동안 종묘에서 얼마나 많은 일이 있었겠어요? 세종대왕 때 제사 지내러 왔던 신하가 발을 헛디뎌 정전에서 굴러떨어진 일도 있었고, 임진왜란 때 종묘에 머문 일본군이 귀신에 쫓겨 도망간 일도 있었답니다. 또 제사에 쓸 야윈 소를 살찐 소라고 우기다가 영조 임금님에게 신하들이 단체로 혼난 일도 있었지요. 이야기하자면 끝이 없을 정도예요."

종묘에서 사직단까지는 꼬박 1시간이 걸렸어요. 버

• 사직단
조선이 세워질 때, 종묘와 함께 세워진 곳이에요. 토지의 신과 곡식의 신에게 제사를 지내는 곳으로, 조선이 농업을 얼마나 중요하게 여겼는지 알 수 있어요.

스 타면 될 걸 왜 계속 걸어가는 걸까요. 중간에 아이스크림 안 사주셨으면 우린 지쳐서 쓰러졌을지도 몰라요. 우리는 한탐 선생님께 자동차 없느냐고 물었어요. 그러자 선생님은 조선시대에 무슨 자동차가 있었냐며 이 정도는 걸어 다녀야 조상님들의 마음을 느낄 수 있다고 말씀하셨어요.

사직단은 종묘에 비해 크기도 작았어요. 밖에서만 볼 수 있어서 안타까웠는데, 문틈으로 보니 건물은 없고, 제사를 지내는 제단 같은 곳만 있었어요.

" '사'와 '직'은 땅의 신과 곡식의 신 이름이거든요. 땅과 곡식은 농사짓는 백성을 뜻하니까 사직단은 나라의 풍년과 백성의 편안함을 기원하는 곳이라 할 수 있어요. 종묘는 서울에만 있지만 사직단은 전국에 다 있지요. 백성이 있는 곳이면 사직단이 있어야 맞겠죠? 각 고을에서는 사또가 왕을 대신해 제사를 올렸어요. 일 년에 네 번의 큰 제사와 여러 번의 작은 제사를 지냈으니 백성들에게는 종묘보다 더 친근한 곳이 바로 사직이었어요. 원래 지금 보는 모습보다 몇

배나 컸지만 주변에 공원, 도서관, 도로가 생기면서 크기가 많이 줄어들었어요. 하지만 앞으로 옛 모습대로 복원할 것이라니 우리 한 번 기대해보아요."

그러고 보니 부산에 있는 야구장 이름이 사직구장이에요. 세상에! 땅과 곡식의 신도 이제는 백성들과 함께 야구를 즐기겠군요.

경복궁의 비극,
두 번에 걸친 왕자의 난

세 번째 탐방지는 어디예요?

"종묘와 사직이 만들어졌으니 이번에는 궁궐을 만들어야겠죠? 조선의 첫 번째 궁궐, 경복궁으로 가 보아요."

경복궁은 아까 사직단 가는 길에 지나쳤던 곳이에요. 요즘은 수문장 교대식이 매일 열려서 항상 조선시대 군인 복장을 한 아저씨들이 광화문을 지키고 있죠. 오늘은 꼭 기념사진을 찍고 말 거예요.

"경복궁은 조선의 첫 번째 궁궐답게 조선 최고의 학자들이 유교의 가르침을 궁궐 속에 담으려 했어요. 완성된 경복궁을 보고 태조 이성계는 무척 기뻐했어요. 하지만 태조의 다섯 번째 아들 이방원은 경복궁을 마음에 들어 하지 않았어요. '경복궁'이라는 이름도 '근정전', '사정전' 같은 건물들의 이름도 모두 자신의 손에 죽은 정도전이 지었기 때문이지요. 게다가 동생을 죽이고 형을 쫓아낸 곳 역시 경복궁이었으니 말이에요."

이방원이 동생을 죽이고 형을 몰아낸 사건을 '왕자의 난'이라 부른대요.

"태종은 강한 조선을 꿈꾸었어요. 왕에게 위협이 된다면 그 누구도 용서하지 않았어요. 심지어는 아버지 태조와 함께 나라를 세운 공신들을 쫓아내고 부인인 원경왕후 민씨의 집안을 박살냈지요. 세자였던 큰아들 양녕대군을 내쫓고 새로 세자가 된 충녕대군의 장인어른을 죄를 물어 죽이기까지 했어

요. 다음 왕인 세종에게 대들 만한 힘을 가진 자라면 그가 신하이건, 친척이건 단 한명도 남겨두어선 안 된다고 생각했어요. 아마 그것이 새 나라 조선을 위한 일이라 여긴 것 같아요."

그러고 보면 꼭 왕자의 난 때문에 경복궁을 버리고 새로운 궁궐을 지은 건 아닌 것 같아요. 아버지 태조 이성계와는 다른 정치를 하겠다는 마음으로 창덕궁을 만든 것이겠지요.

선생님의 설명을 듣다 보면 나도 모르게 흥분되는 것 같아요. 목소리가 커서 그런 걸까요?

• 광화문

경복궁은 조선시대 궁궐 중 가장 먼저 지어진 곳이에요. 오랫동안 큰 복을 누리라는 뜻을 담아 '경복궁'이라고 지었어요. 광화문은 경복궁의 정문이랍니다.

• 근정전

부지런하게 정치하라는 뜻을 담고 있는 근정전이에요. 왕의 즉위식, 사신 접대 등 큰 나라의 행사들이 열렸던 곳이랍니다.

• 사정전

생각하고 정치하라는 뜻을 담고 있는 왕의 사무실 겸 회의실이에요. 이곳에서 신하들과 나랏일을 하였어요.

• 경회루

왕과 신하가 경사로운 만남을 갖는다는 의미를 가진 경회루는 연회를 베풀던 곳이에요.

 또 하나의 궁궐, 창덕궁

우리는 경복궁을 나와 창덕궁으로 향했어요. 벌써 네 번째 장소에요. 선생님은 두 궁궐 사이 마을이 북촌 한옥마을이랬어요. 그런데 한옥은 별로 없고 다 음식점과 카페였어요. TV에서 본 모습과 많이 달랐어요.

이 궁은 세계문화유산으로 지정된 유일한 조선시대 궁궐이래.

와~ 멋지다. 여기서 살아보고 싶어.

경복궁은 새로 지어서 역사가 짧지만, 창덕궁은 무려 400년의 역사를 이어왔대.

왜 경복궁이 아니라 창덕궁이 세계문화유산이지?

• 창덕궁

경복궁의 동쪽에 자리 잡은 궁궐이에요. 임진왜란 때 경복궁이 불탄 후 조선을 대표하는 궁궐이었어요. 자연과 조화를 이룬 창덕궁의 후원은 나랏일을 하던 왕들의 휴식 공간이랍니다.

원래 이곳은 조선시대 최고 높은 양반들이 살던 동네래요. 지금 한옥은 대부분 일제강점기에 다시 만들어진 것인데 언덕 위 골목길로 올라가야 볼 수 있대요. 재동 초등학교를 지나 마지막 언덕을 오르니 창덕궁의 모습이 나타났어요. 층층이 기와지붕이 이어진 모습이 정말 멋있었어요. 우리는 누가 먼저랄 것도 없이 창덕궁을 향해 달렸어요. 이런! 선생님이 제일 빨라요.

창덕궁 정문인 돈화문을 들어서니 북한산이 멋있게 병풍처럼 펼쳐져 있었어요. 북악산을 뒤로한 경복궁과는 또 다른 느낌이었어요.

"조선의 궁궐 중 가장 먼저 만들어진 궁궐은 경복궁이지만, 임금님들이 가장 오래 사용한 궁궐은 창덕궁이에요. 경복궁은 규칙에 맞춰 만들어 뭔가 부담스러운 느낌이 있다면 창덕궁은 자연과 조화를 이룬 자연스러운 배치로 더 편안함을 느꼈나 봐요. 임진왜란으로 한양의 모든 궁궐이 불탔을 때 제일 먼저 다시 만들어진 궁궐도 창덕궁이랍니다. 창덕궁에는 멋진 후원이 잘 남아있고, 태종 때 만들었던 돌다리인 금천교도 그 자리에 그대로 있어요."

태종은 새로 만든 궁궐인 창덕궁을 거닐면서 무슨 생각을 했을까요? 사람들이 혹시 자신을 무섭고 나쁜 왕으로만 기억할까 걱정했을까요? 세자 자리에서 쫓아낸 첫째 아들에게 미안한 마음이었을까요?

"태종은 처음으로 인구를 조사하고 각 고을마다 사또를 보냈어요. 조선을 8도로 나눈 사람도 태종이지요. 거북선이 이미 태종 때 만들어진 것을 보면 어느 때보다도 국방이 튼튼했다는 걸 알 수 있어요. 무엇보다 나라와 백성에게 필요한 왕은 자신의 첫째 아들이 아닌 셋째 아들 세종이라는 것을 알아 본 것을 보면 태종은 남다른 미래를 꿈꾼 사람인 것 같기도 해요."

선생님은 포근한 창덕궁의 모습을 보면 태종에게도 따뜻한 마음이 느껴진다고 했어요.

백성들이 오순도순 자연스럽게 어울려 사는 세상. 무섭게만 생각되는 태종이 사실은 누구보다도 백성을 사랑한 왕은 아니었을까요?

신덕왕후의 눈물

　야호~ 마지막 탐방 장소는 버스를 타고 가기로 했어요. 종묘와 사직단, 두 개의 궁궐까지 돌고 나니, 다리에 힘이 풀렸어요. 하지만 우리 사총사가 첫 역사 탐방부터 불평을 할 수는 없잖아요. 그래서 끝까지 힘을 내기로 했어요. 지금까지 한양 사대문 안을 다녔는데, 이번에는 서울 중심에서 멀리 떨어진 정릉에 가기로 하였어요.

　정릉은 조선의 첫 왕비인 신덕왕후 강씨가 잠들어 계신 곳이에요. 버스를 타고 가는 동안 선생님은 자기가 마치 신덕왕후 강씨인 것처럼 연기를 했어요. 원래는 자기 아들이 조선의 두 번째 왕이 되었어

• 정릉
신덕왕후 강씨의 능이에요. 태종은 도성 안(영국대사관 일대)에 있던 정릉을 도성 밖(성북구 정릉동)으로 옮겼어요.

새 나라 조선이 들어서다

야 했는데, 이방원에게 어린 아들이 죽임을 당해 너무 원통하고 억울하다고 했어요. 그리고 자신의 무덤이 한양 안에 있었는데, 북한산 자락으로 옮겨진 것도 참을 수 없었다며 태종을 원망했어요. 얼마나 실감 나는지 버스 안에 탄 사람들도 신기한 듯 선생님의 이야기에 귀 기울이고 있었어요. 우리는 어느새 정릉에 도착했어요.

"개경이 고향인 신덕왕후 강씨는 태조 이성계의 두 번째 부인이었어요. 고려시대는 지방에 살던 사람이 큰 벼슬을 하여 개경으로 가게 되면 개경 여인을 맞이하여 또 한 번 결혼하는 풍습이 있었답니다. 지금 같으면 상상할 수도 없는 일이지요. 아무튼 태조 이성계도 고향인 함흥에 첫 번째 부인과 자식들이 있었지만, 낯선 개경에

서 살아가기 위해 또 한명의 부인을 맞이했어요. 그 부인이 신덕왕후 강씨, 바로 정릉의 주인이랍니다."

"나도 어미인데 내 자식이 왕이 되길 바라는 것이 당연한 것 아니겠어? 우리 방석이는 왕이 되고도 남을 만큼 똑똑한 아이였다고. 그 아이의 목숨을 무참히 빼앗다니. 그것도 모자라 내 무덤을 파헤쳐 북한산으로 옮기고 태조께서 정성스레 만들어주신 조각상들을 청계천 공사 때 다 써버렸어. 그리고 종묘에 들어가지도 못하게 했으니 억울함과 원통함에 눈을 죽어서도 감을 수 없어."

선생님의 연기였지만 우린 신덕왕후의 마음을 본 것 같아 아무 말도 할 수 없었어요. 정릉이 옮겨진지 200여 년이 지나 현종 대에 드디어 신덕왕후 강씨의 한이 풀어졌어요. 신하들의 요청을 받아들여 현종은 신덕왕후 강씨도 종묘에 모시기로 했대요. 놀랍게도 신덕왕후를 종묘에 모시던 날 정릉에 갑자기 소나기가 내렸답니다. 사람들은 왕비께서 흘린 눈물이라며 이 비를 세원지우라 부른대요.

● 세원지우
모든 원한을 씻긴 비를 말해요.

● 광통교의 옛 정릉 석물
청계천에 홍수가 났는데, 무너진 광통교를 고치면서 신덕왕후 무덤의 석물을 가져다 사용했어요.

새 나라 조선이 들어서다

한양 문화유산 지도 만들기

한눈에 정리하기

 **질문 하나,**
가만 보자, 조선이 세워지고 가장 먼저 만들어진 궁궐이 어디였죠?

❶ 경복궁　❷ 종묘　❸ 정릉　❹ 사직단　❺ 창덕궁

 **질문 둘,**
한양이 조선의 도읍지인 까닭으로 제대로 설명하지 못한 친구가 있네요. 누구인가요?

 영토의 중간에 위치한다.

한강을 끼고 있어 물자를 나르기 좋고 교통이 편리하다.

높은 산으로 둘러 쌓여있어 외적의 침입에 방어하기 좋다.

바다와 가까워 해산물을 얻기 좋다.

? _____

 **질문 셋,**
다음 유적은 어떤 곳인지 알맞게 줄을 이어 줄래요? 설마 모르는 친구는 없겠죠?

- 종묘 •
- 경복궁 •
- 사직단 •
- 창덕궁 •

- • ㉠ 조선 최초의 궁궐로 왕자의 난이 일어 난 곳이에요.
- • ㉡ 왕과 왕비의 영혼을 모신 곳이에요.
- • ㉢ 태종이 지은 궁궐로 세계문화유산으로 지정되었어요.
- • ㉣ 땅과 곡식의 신에게 제사 지내는 곳이에요.

• 정답은 238쪽에서 확인하세요!

조선 건국과정으로 시간여행을 떠난다면?

1. 옛 한양의 모습
- 서울역사박물관 1전시실

서울의 역사에 대해 알 수 있는 박물관이에요. 특히 조선시대 때 서울의 모습에 관한 많은 전시물들이 있어요. 조선시대 한양은 어떻게 생겼는지 벽면에 커다란 지도 모형이 있어 한눈에 보기 좋아요. 또 한양에는 어떤 다양한 사람들이 살았는지, 한양 사람들은 어떻게 살았는지, 육조거리의 모습과 운종가의 모습, 한강 나루터의 모습도 잘 만들어 놓았어요.

조선시대 한양의 모습을 가장 잘 알 수 있는 박물관이야.

2. 조선의 파르테논 신전
- 종묘

종묘는 세계문화유산, 종묘제례와 제례악은 세계무형유산이래.

조선의 왕과 왕비의 신주를 모시고 제사를 지내는 건물이에요. 처음 지을 때는 일곱 칸 규모로 만들었다가 모셔야 할 임금님들이 점점 많아지면서 건물을 늘려지었어요. 임진왜란이 일어났을 때는 종묘에 있는 신주들을 모두 챙겨서 피난을 갔었어요. 임진왜란 때 불에 탔던 것을 이후 다시 지었어요. 종묘는 유교문화를 잘 보여주는 유적으로 유네스코 세계문화유산으로 지정되었어요. 또 종묘에서 지내는 종묘제례는 세계무형유산으로 지정되어 있답니다. 지금도 매년 5월 첫 번째 일요일엔 종묘제례를 지내요.

3. 한양 동쪽 9개의 왕릉들
• 동구릉

여러 임금님들을 한꺼번에 만날 수 있겠군.

경기도 구리시에 있어요. 동구릉은 모두 9개의 왕릉이 모여 있는 곳인데, 여기에는 태조, 문종, 선조, 영조, 정순왕후 등 우리에게 잘 알려진 왕과 왕비들이 많이 모셔져 있어요. 다양한 조선 왕릉의 모습을 볼 수 있는 곳이기도 하지요. 혼자 묻혀 있는 단릉, 두 분이 함께 묻혀있는 합장릉, 봉분 두 개가 나란히 함께 있는 쌍릉, 같은 공간 다른 언덕에 묻혀있는 동원이강릉, 세 분이 나란히 묻혀있는 삼연릉까지 다양한 왕릉의 모습을 모두 볼 수 있는 곳이에요.

4. 조선 최고의 궁궐
• 경복궁

조선시대 역사 탐방에 경복궁이 빠질 수 없지.

경복궁은 조선의 제일가는 궁궐이에요. 조선의 역사를 공부할 때, 궁궐의 역사를 공부할 때 빼먹을 수 없는 궁궐이지요. 경복궁은 들어갈 때보다 나올 때 그 진가가 발휘돼요. 들어갈 땐 밖의 큰 건물들에 눈이 익숙해져 경복궁 건물들이 커 보이지 않지만 경복궁을 다 둘러보고 되돌아오는 길에 보이는 건물들은 그 크기에 깜짝 놀라게 될 거예요. 오전 10시와 오후 2시에는 수문장 교대식도 볼 수 있으니 시간에 맞으면 꼭 구경해보도록 해요.

26 조선의 수도 한양

스물여섯 번째 여행

조선 초 한양

한국사 탐험을 떠나기 전 미리 생각해 올 것!

한양의 정식 명칭은 뭐였을까요?
한양도성은 어디를 연결하고 있을까요?

준비물

수선전도, 등산화, 필기구, 수첩

연표

- 1392년 조선 건국
- 1394년 한양 천도
- 1395년 종묘, 사직단, 경복궁 완공
- 1396년 한양도성 축성
- 1400년 태종 즉위
- 1405년 창덕궁 완공

서울 곳곳에 조선시대 유적지가 아직도 있다니!

서울은 과거와 현재가 어우러진 도시인 셈이군!

한양의 중심가, 운종가와 육조거리

"모두 일찍 왔네요. 지난번 첫 탐방 힘들었어요? 선생님과 함께 하려면 튼튼한 체력이 필수예요. 오늘은 드디어 기다리던 한양도성을 탐방할거예요. 어때요, 기대되죠?"

우린 어린이박물관을 나와 종로로 향했어요. 종로에 도착하자, 선생님은 바로 설명을 시작하셨어요.

"이 길은 종로예요. 조선시대 때는 운종가라 불리는 큰 시장이 있던 거리였어요. 운종가는 사람이 구름처럼 모인다는 뜻을 지닌 시장 거리였지요. 종이를 파는 가게, 그릇을 파는 가게, 옷감을 파는 가게 등 다양한 가게들이 있었어요. 조선에서 제일 큰 시장이니, 물건과 사람들이 얼마나 많았을까요?"

운종가에서 구하지 못하는 물건은 조선 어디서도 구할 수 없다고 할 정도였대요. 또 나뭇짐을 짊어진 사람, 도성 밖에서 기른 채소를 팔러 온 사람, 소금을 팔러 온 사람 등 다양한 장사꾼들도 만날 수 있었대요. 사람들이 많이 몰려드는 곳이니 광대들이 빠질 수 없겠죠? 여러 지역에서 온 광대패들이 사람들 앞에 재주를 선보였다고 해요. 운종가는 양반부터 거지까지 정말 다양한 사람들이 모이는 곳이었대요. 우리는 다양한 사람들이 오가는 운종가 모습을 상상해 봤어요. 우리가 만약 시골에서

• 보신각

한양 중심에 있는 종루예요. 도성 문을 여닫을 때도 이곳의 종을 쳐서 알렸지요. 아침에는 33번, 밤에는 28번의 종을 쳤어요.

올라온 사람이었다면 그 복잡한 모습에 눈이 휘둥그레졌을 거예요.

시간을 알려주던 보신각을 지나 조금 더 가니, 세종로가 나왔어요. 이순신 장군과 세종대왕 동상이 앞뒤로 보였어요.

"길 양옆의 건물들을 봐요~ 여러 관청과 박물관, 문화시설이 있죠? 조선시대에도 이 길에는 중요한 건물들이 나란히 있었어요. 양옆으로 이조, 호조, 예조, 병조, 형조, 공조, 사헌부, 한성부 등 나랏일을 하는 여러 관청들이 모여 있었지요. 그래서 이 길을 육조거리라고 불렀어요."

선생님은 수선전도를 펴보라고 하셨어요. 그러자 우리가 지나왔던 운종가, 육조거리 등이 한눈에 보였어요. 그럼 이제 청계천으로 가볼까요? 청계천은 운종가 바로 아래에 있었어요.

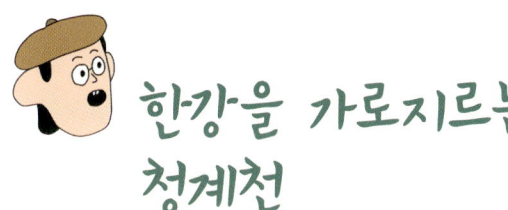
한강을 가로지르는 청계천

청계천은 멀지 않았어요. 하지만 기대했던 것과 달리 걷기 좋은 멋진 공원이었어요. 양옆으로 엄청 높은 빌딩들이 즐비하게 늘어서 있어 조선시대 느낌은 찾아 볼 수 없었어요. 청계천은 한양의 중심부를 가로지르는 하천이었는데, 도시가 발달되면서 도로가 부족하자 청계천 위를 콘크리트로 덮었고, 2005년에 다시 이렇게 물이 흐르는 하천으로 복원되었대요.

"청계천은 한양 사람들에게 가장 중요한 하천이에요. 정겨운 이야기를 나누는 빨래터이기도 하고, 아이들에겐 좋은 놀이터였지요. 화재 때도 청계천은 중요한 역할을 했어요. 하지만 산에서 내려온 깨끗한 물도 인구가 많은 도성을 가로지르다 보니 흙과 쓰레기가 쌓여 냄새도 심하고 물도 더러워지고는 했지요. 그래서 왕은 청계천에 많은 관심을 갖고 때때로 쌓인 흙을 퍼내거나 대규모 청소를 했어요."

비가 많이 오면 홍수가 나면서 다리가 무너진 경우도 많았대요. 그래서 튼튼한 돌다리를 만들었는데, 맞다! 이때 신덕왕후 강씨의 정릉에 있던 조각을 가져다 광통교를 만들었나 봐요. 선생님과 광통교 아래로 내려가 살펴보니 정말 화려한 조각의 기둥이 여기저기 있었어요.

"청계천은 도심 한가운데 있는 하천이니까 홍수가 나지 않도록 관리하는 것이 무엇보다 중요했답니다. 그래서 세종 때는 강물의 높이를 잴 수 있는 수표라는 기구를 다리 옆에 놓아 하천의 수위를 관리하도록 했어요. 수표 옆에 있던 다리 이름은 자연스럽게 수표교가 되었지요. 글을 모르는 백성들도 쉽게 확인할 수 있도록 수표 뒷면에는 구멍을 세 개를 뚫어서 가뭄, 보통, 홍수를 나타냈어요. 자 그럼 오간수문까지 계속 가 볼까요?"

오간수문교에 도착하니 성벽이 나타났어요. 선생님은 드디어 한양도성이 나타났다며 좋아했어요.

• 수표

수시로 범람하는 청계천의 물 높이를 쉽게 알 수 있도록 수표를 만들었어요.

조선의 수도 한양

한양의 동쪽문, 흥인지문

도성을 본 우리는 걱정이 앞섰어요. 선생님은 걱정 말라고 하셨어요. 오늘 다 도는 것은 무리고 중요한 곳들만 골라서 다닐 거라고, 우리 표정이 안 되어 보였는지 중간중간 마을버스와 택시도 탈 거랬어요.

48

한양의 동쪽문으로 흔히 동대문이라 불리는 흥인지문은 오간수문교 바로 옆이었어요.

"지금은 도로가 뚫리면서 흥인지문이 도로 한복판에 섬처럼 있지만 예전에는 성문 주변으로 성곽들이 다 연결되어 있었어요. 한양에는 동서남북에 커다란 문이 4개가 있었는데, 그중 남쪽문인 숭례문과 동쪽문인 흥인지문만 옛 모습을 간직한 채 남아 있답니다. 서쪽문인 돈의문은 사라지고 없지만 북쪽문은 청와대와 경복궁 사이에 새롭게 복원해 두었지요. 사실 숭례문도 화재가 난 것을 복원한 것이니 흥인지문만이 옛 모습을 고스란히 간직하고 있다 해도 틀리지 않아요."

도성이 워낙 크다 보니 작은 문도 여러 개 있긴 했지만 사대문이야 말로 한양으로 통하는 관문이었대요. 많은 사람들과 물자들이 한양으로 모여들다 보니 그중에는 수상한 첩자들도 많았겠죠. 성문을 지키는 병사들은 수상한 자가 나타나면 신분증이나 짐을 검사했어요. 모든 도성문은 새벽 4시 종이 울리면 열렸고, 밤 10시 종이 울리면 닫혔대요.

"그런데 문의 이름에는 어떤 뜻이 담겨 있어요?" 우리는 문의 이름에 어떤 특별한 뜻이 있을 거라 생각했어요.

"조선은 유교의 가르침을 받드는 국가였어요. 유교에서 가르치는 제일 중요한 다섯 가지를 인의예지신이라고 해요. 仁(인)은 어진 마음, 義(의)는 의로움, 禮(예)는 서로가 지켜야 될 예절과 질서, 智(지)

는 지혜로움인데 비슷한 뜻을 가진 靖(정)이라는 글자도 기억해두세요. 마지막으로 信(신)은 믿음이에요. 그래서 동서남북의 사대문과 종로의 종각 이름에 인의예지신을 차례로 넣어 이름을 만들었어요."

흥인지문, 돈의문, 숭례문, 숙정문, 보신각…

한양을 설계한 정도전은 백성들이 성문을 드나들며 유교의 덕목을 익히길 바라는 마음에 사대문 이름을 그렇게 지었대요. 흥인지문에서 길만 건너면 한양도성 박물관이에요. 우린 한양도성 박물관 안으로 들어갔어요.

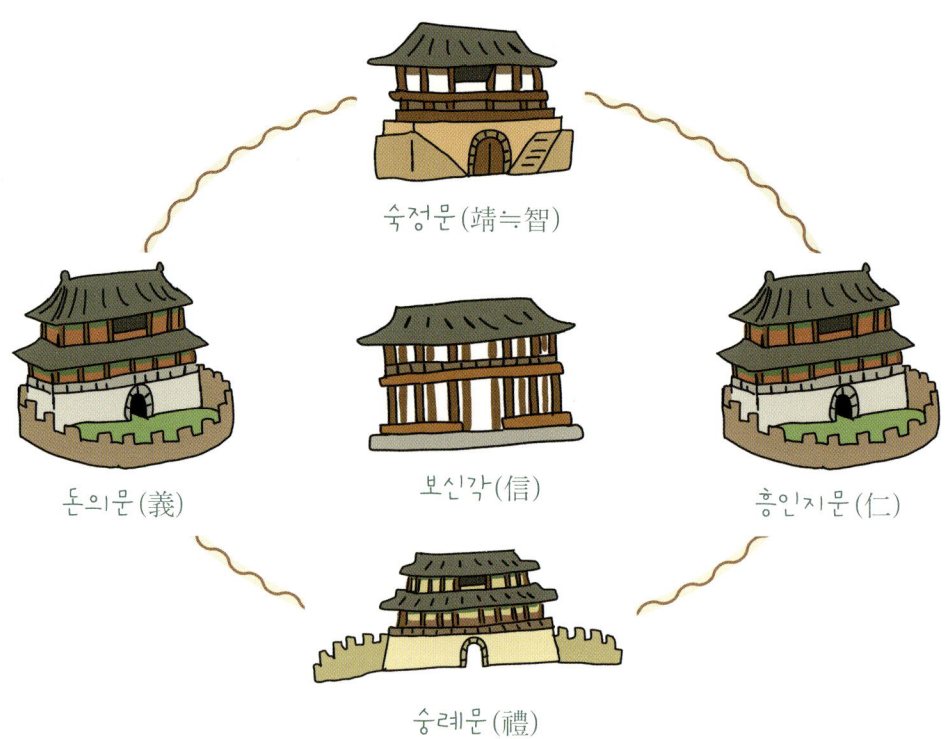

50

한양을 둘러싼 한양도성

한양도성 박물관은 특이한 모습이었어요. 나무로 만든 성 같았어요. 전시실에는 한양도성 전체 모습이 그려진 지도가 있었어요. 한탐 선생님은 우리가 걸은 길과 앞으로 가게 될 길을 짚어 주셨어요.

"한양도성은 태조 이성계 때 처음 만들어졌어요. 그 후에 여러 번 다시 만들었는데 그때마다 성 쌓는 기술이 달라져서 성벽의 종류가 3가지가 되었답니다. 태조 때는 작은 돌로 자연스럽게 쌓았고 세종 때는 좀 더 큰 돌을 썼는데 네모 반듯하지는 않았어요. 숙종 때 만든 성벽은 직사각형 모양의 반듯한 돌을 썼는데 시대마다 모습이 확실히 달라 한눈에도 알아볼 수 있을 정도예요."

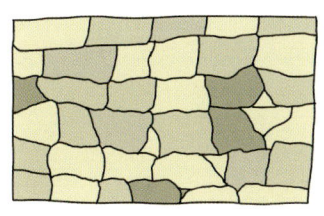
• 태조 때의 도성 축조
성돌은 자연석을 거칠게 다듬어 사용하였어요.

• 세종 때의 도성 축조
긴 직사각형의 자연석의 모서리를 둥글게 가공하여 사용하였어요.

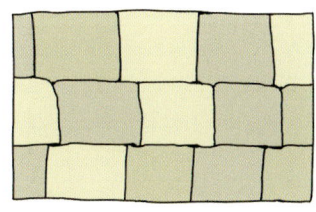
• 숙종 때의 도성 축조
비교적 정사각형에 가까운 모습으로 규격화 하여 빈틈없이 견고하게 쌓았어요.

"한양도성이 너무 길어."

"그래도 힘들면 택시 탄다고 하셨어."

"힘들어도 다 돌아보고 싶어."

"하늘에서 성벽을 내려다보면 정말 예쁠 거 같아."

• 한양도성

서울의 깃든 조선의 역사를 감싸듯 낙산, 북악산, 인왕산 그리고 남산을 가로지르며 펼쳐진 한양도성은 서울이 조선의 역사와 공존하는 대도시라는 사실을 알려주고 있어요.

선생님은 이따가 성벽을 걸을 때 시대가 다른 세 가지 돌이 같이 있는 곳을 찾을 수 있을 거랬어요. 성벽의 높이는 5미터가 넘는데 평지는 더 높게 쌓기도 했어요. 전체 길이가 18.6킬로미터로 서울을 둘러싼 낙산, 북악산, 인왕산, 남산을 연결해서 만들었어요. 나라마다 다양한 모습의 도성이 있는데 한양도성은 전 세계 도성 중 가장 오랜 기간 사용된 도성으로 이름나 있대요. 무려 514년간 도성으로

쓰였으니 정말 대단해요.

성을 쌓을 때 각 고을 별로 구간을 나누어 줬는데 공사하는 사람들의 이름을 성벽에 쓰게 해서 책임감을 높였대요. 전시실에서는 이름이 새겨진 성벽 돌을 볼 수 있었어요. 전시실을 모두 돌아보고 밖으로 나오니 신기하게도 성벽 위였어요.

선생님은 지금부터 1시간 동안 꼬박 걸을 거랬어요. 우리 사총사는 병사가 된 기분으로 성벽을 걸었어요.

 # 호랑이가 살았던 인왕산

서울의 동쪽산인 낙산은 높이가 낮아 성벽을 오르는 일이 별로 힘들지 않았어요. 게다가 높이는 낮아도 펼쳐진 경치가 아름다워 기념사진도 여러 번 찍었어요. 도로가 생기면서 중간중간 길이 끊기긴 했지만 오르락내리락 성벽 길은 생각보다 재밌었어요.

성벽 길을 오르면서 우리들은 음료수 내기 퀴즈를 했어요. 주제는

지난 시간에 탐방한 경복궁과 창덕궁이었어요. 퀴즈는 돌아가면서 냈어요. 예상을 깨고 장난이가 1등을 해서 모두가 놀랐어요.

성벽을 걷던 선생님이 갑자기 발걸음을 멈추고 질문을 던졌어요. 한탐 선생님은 우리에게 엄지를 보여 주시며, 대단하다고 하셨어요. 그런데 다음 질문은 지식을 묻는 지식이 아니었어요.

"좋아요~ 이번에는 좀 어려울 걸요~? 사람의 이름이 새겨진 돌을 찾아보세요~"

이건 어려웠어요. 금방 찾을 수 있을 거라 생각했는데 눈이 핑핑 돌기만 할 뿐 아무리 봐도 우리 사총사의 눈에 글자가 새겨진 돌은 보이지 않았어요. 아니 자세히 보니 오른쪽 아래에 글씨가 넝쿨에 살짝 덮여 있었어요.

"탐방 때는 항상 주변을 주의 깊게 살펴야 돼요. 그렇지 않으면 중요하고 재미난 것들을 미처 발견하지 못하고 넘어가 버리기 일쑤거든요. 꼭 기억하길 바라요. 다음 목적지인 인왕산까지는 꽤 험하고 시간도 많이 걸려요. 이번에는 택시로 이동하지만 나중에 반드시 걸어서 가보세요."

도성에 새겨진 글자
한양도성을 쌓을 때 전국에서 20만 명의 장정들이 모여 구역을 나누어 성을 쌓았어요. 군데군데 글자가 새겨진 돌이 있는데, 이건 공사를 담당한 지역의 이름과 관리책임자의 이름이랍니다. 공사가 부실하게 되면 그 책임자를 찾아서 죄를 물을 수도 있으니, 튼튼한 성을 쌓기 위해 노력했을 거예요.

이게 얼마 만에 타는 택시인가요? 시원하고 좋았어요. 신기하게도 인왕산 중턱까지 택시가 올라갔어요. 택시에서 내려서 다시 성벽을 따라 걸었는데 산속에 호랑이 동상이 나타났어요. 선생님은 서쪽을 상징하는 동물이 호랑이이기도 하지만 역사 기록을 보면 실제로도 조선시대에 인왕산 호랑이가 가끔 나타났대요. 우리는 호랑이 동상을 배경으로 기념사진을 찍었어요.

서울의 서쪽산인 인왕산은 그다지 높은 산은 아니었지만 바위로 이루어져서 좀 가팔랐어요. 하지만 꼭대기에 올라가니 서울 시내가 한눈에 들어왔어요. 마지막 목적지 남산도 잘 보이구요. 청와대도 내려다 보여요. 예전에는 청와대가 보인다는 이유로 산에 오르지 못하게 했대요. 지금도 군인들이 산을 지키고 있어요. 예나 지금이나 한양도성은 서울을 지키는 중요한 장소인 것 같아요.

한양의 정문, 숭례문

인왕산을 내려와 숭례문까지 마을버스를 탔어요. 서쪽에서 남쪽으로 연결된 구간은 성벽이 거의 대부분 없어졌어요. 서쪽문인 돈의문이 있던 자리는 도로가 되어 흔적만 남았대요. 시청을 지나자마자 숭례문의 모습이 눈에 들어왔어요. 우리는 길을 건너 숭례문 아래로 들어갔어요.

"흥인지문은 보물인데, 숭례문은 국보예요. 둘 다 사대문인데 왜 하나는 국보고 하나는 보물로 지정되었을까요? 숭례문은 태조대에 처음 만들었지만 세종대에 다시 만들었어요. 그리고 그 후 성종대에도 큰 수리를 했지요. 그러니 숭례문은 나이가 최소 500살은 넘은 셈이에요. 이에 비해 아까 본 흥인지문은 고종대에 새로 만들었으니, 나이가 겨우 150살 정도이지요. 조선 전기의 건축을 알 수 있는 숭례문과 조선말의 건축인 흥인지문은 역사적 가치가 다를 수밖에 없겠죠?"

숭례문은 한양의 정문과도 같은 역할을 했대요. 지방에서 올라온 많은 사람들은 웅장하고 화려한 숭례문 모습에 입이 떡 벌어졌대요.

아무렴 조선에서 제일 커다란 문이었으니까요. 숭례문은 항상 한양으로 출입하는 사람들로 붐볐어요.

숭례문은 처음 지어진 모습 그대로 오랜 세월 동안 서울을 지키고 있었는데, 안타깝게도 몇 년 전 불에 타버렸대요. 숭례문이 불에 타 무너지는 걸 보며 많은 사람들이 눈물을 흘렸대요. 그러고 보니 숭례문 돌에는 그을린 흔적이 남아있어요.

"선생님도 숭례문이 불타던 날 이곳에 와서 다른 사람들과 함께 마음 아파했었어요. 숭례문은 원래 도성의 화재를 막는 역할을 했었거든요. 한양 사람들은 관악산에 불귀신이 모여 산다고 생각했어

조선의 수도 한양

요. 그래서 불귀신이 한 번씩 남쪽문인 숭례문으로 들어와 불을 지르고 도망간다고 믿었답니다. 숭례문 현판이 다른 문들과 달리 세로로 쓰인 이유도 불귀신을 막는 부적 같은 역할을 기대했기 때문이에요. 하지만 결국 숭례문은 화재로 불타 버렸으니 참 안타까운 일이에요."

비록 새롭게 만들었지만 일제강점기 때 잘려나간 양옆의 성곽을 복구해서 조선시대의 모습과 비슷해졌다고 해요.

남산의 원래 이름, 목멱산

숭례문에서 남산으로 오르는 길은 여러 갈래였는데 우리는 안중근기념관 옆길로 갔어요. 오늘 오른 성벽 중에 제일 힘든 길이었어요. 하지만 남산에 오른다고 생각하니 힘이 절로 났어요. 매번 케이블카를 타고 올라갔는데, 우리 힘으로 직접 오른 것은 이번이 처음이었거든요. 남산 꼭대기는 외국인들로 가득했어요. 모두 서울의 모습을 보기 위해 올라온 것 같아요.

선생님은 N서울타워 옆에 있는 봉수대로 향했어요.

"여기가 전국에서 올라온 봉화가 마지막 도착하는 곳이에요. 조선시대에는 외적이 쳐들어오는 것을 알리기 위해 산마다 봉수대를 설치했어요. 우리나라는 남북으로 길쭉한 지형이잖아요? 외적이 쳐들어왔을 때 이를 알리기 위해 말을 타고 한양으로 달려오면 거의 하루가 걸렸어요. 그래서 산마다 봉수대를 설치해 봉홧불을 올렸어요. 북쪽의 3곳, 남쪽의 2곳 모두 다섯 곳에서 소식을 알릴 수 있었어요. 밤에는 불, 낮에는 연기를 이용했는데 국경 지방에서 한양까지 봉수가 도착하는데 12시간이면 충분했다고 해요. 원래 산 위에는

• 남산 봉수대

전국 각지에서 일어난 위급한 일을 봉수로 알리면, 남산 봉수대에 도착하여 왕에게 소식을 전하였어요.

다섯 곳의 봉수대가 있었지만 모두 없어지고 지금은 한 곳만 복원해 두었어요. 지형을 이용한 조상의 슬기가 대단하지 않나요?"

봉수대 옆으로 오니 작은 표지석이 있었어요. 국사당은 남산의 산신인 목멱대왕을 모신 곳인데, 예전에는 남산을 목멱산이라 불렀대요. 그런데 일제강점기에 국사당을 내쫓으면서 원래 이름인 목멱산이 남산으로 바뀌었어요. 그 후로 남산에는 일본의 신을 모신 신사가 생겼어요. 일본 신사는 사라졌지만 이름은 그대로 남산으로 불리고 있어요.

남산에서 내려다본 서울은 정말 크고 아름다워요. 지금은 옛날 한양보다 서울이 훨씬 넓어졌지만, 조선시대에는 우리가 있는 남산까지 한양이었으니 한강 건너 강남은 어떤 모습이었을까 궁금하기도 했어요.

역사 탐방을 마치고 내려가는 길은 그 어느 때보다 홀가분했어요. 이제 박물관으로 가서 오늘 탐방을 정리해야겠어요. 한탐 선생님은 옛 한양의 지도를 만들어 보라고 하셨어요. 완성되면 집에 가도 좋다고요.

한양도성도 그리기

한눈에 정리하기

질문 하나,
자, 한양도성에 대한 설명이에요. 각자 빈 칸을 채워 보는 건 어떨까요?

남산의 원래 이름은 (　　　　)이에요.
이곳에는 목멱대왕을 모시는 사당이 있었대요.

서울의 서쪽산인 인왕산은 무서운 동물인 (　　　　)가
나타난 것으로도 유명해요.

관악산에 모여 사는 불귀신은 조선에서 제일 큰 문인
(　　　　)을 통해 도성에 들어왔대요.

청계천에 세웠던 (　　　　)는 강물의 높이를 재는
역할을 했어요.

질문 둘,
조선은 유교의 가르침에 따라, 한양도성의 사대문의 이름을 정했죠? 보기에서 한자를 찾아 사대문의 이름을 완성해 볼까요?

• 보기 : 인(仁), 의(義), 예(禮), 정(靖), 신(信)

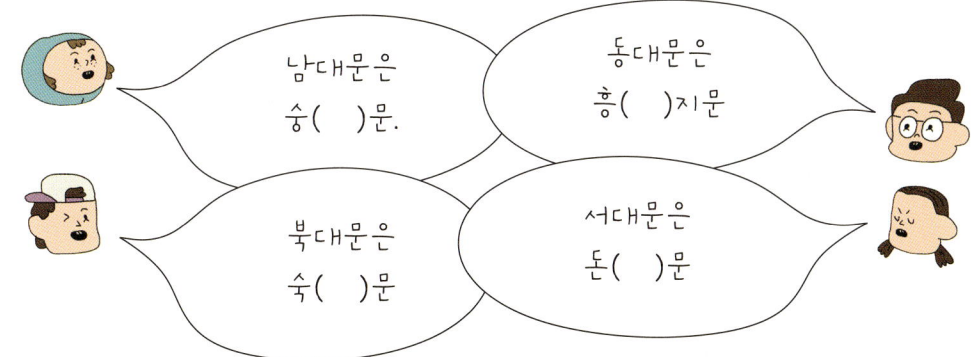

남대문은 숭(　)문.
동대문은 흥(　)지문
북대문은 숙(　)문
서대문은 돈(　)문

• 정답은 238쪽에서 확인하세요!

조선 초 한양으로 시간여행을 떠난다면?

> 한양도성을 완주하면, 기념 뱃지도 받을 수 있어.

1. 한양도성의 옛 모습
● 한양도성박물관과 한양도성

한양도성은 그 흔적을 여러 곳에서 확인할 수 있어요. 숭례문과 흥인지문, 숙정문은 잘 남아있기 때문에 직접 가까이서 볼 수 있고요. 도성 둘레길도 잘 정비해 놓아 많은 사람들이 찾고 있어요. 도성 둘레길 코스는 여러 구간이 있으니 조금씩 나눠서 걸어 보세요.

한양도성 박물관은 흥인지문에서 낙산으로 올라가는 옛 이대부속병원 자리에 있어요. 박물관에서 옛 한양도성 모습을 살펴보고 복원된 성벽 길을 따라 쭉 걸어보면 좋아요.

2. 청계천의 어제와 오늘을 볼 수 있는 곳
● 청계천 문화관과 청계천

> 서울 빛초롱축제 할 때 가보면 정말 멋있어.

청계천 문화관은 청계천의 역사와 복원 과정에 대해 전시하고 있어요. 조선시대부터 현재까지 청계천이 어떻게 변해왔는지 한눈에 볼 수 있어 청계천을 둘러보기 전에 먼저 들러보면 좋아요.

청계천에서는 타일로 만들어진 정조 임금님의 행차도도 볼 수 있고, 태종의 이야기가 담긴 광통교도 직접 확인할 수 있어요. 가족들과 두런두런 이야기를 나누며 청계천을 산책하는 것도 참 좋겠지요?

3. 일제에 빼앗긴 자리
● 인왕산 국사당

인왕산에 오르면 경복궁이 한눈에 내려다보여.

인왕산 선바위에 오르는 길에 국사당이 있어요. 국사당은 나라의 안녕을 기원하는 곳으로 조선시대에 중요하게 여겨진 장소였어요. 원래는 남산 꼭대기에 모셔져 있었어요. 하지만 일제가 남산에 일본의 신을 모시는 신사를 지으면서 국사당을 인왕산으로 옮겨 버렸어요. 지금 인왕산 국사당 주변에는 많은 절과 사당이 만들어져 있어요.

4. 사라진 육조거리를 찾아라
● 세종로 옛 관청 표지석

조선시대 관청을 알려주는 숨은 표지석을 찾아 봐.

대한민국의 중심 세종로는 지금도 정부기관과 박물관, 대사관 등 여러 시설이 들어 선 곳이에요. 겉모습은 많이 바뀌었지만 옛 관청이 있었음을 알려주는 표지석이 건물 사이사이에 숨어 있답니다. 이호예병형공 등 육조와 한성부, 사헌부, 의정부 등 조선시대 여러 관청의 표지석을 찾아보세요.

27 스물일곱 번째 여행
조선의 문화와 과학의 발달

세종시대

한국사 탐험을 떠나기 전 미리 생각해 올 것!

세종대왕과 함께 한 신하들은 누구였을까요?
세종대왕의 업적을 5개 이상 찾아보기
훈민정음 서문 외우기

준비물

국어사전, 필기구, 수첩

연표

- 1418년 세종 즉위
- 1419년 쓰시마섬 정벌
- 1420년 집현전 확대
- 1429년 농사직설 편찬
- 1434년 자격루 설치
- 1442년 측우기 설치
- 1446년 훈민정음 반포

그때 과학과 문화가 아주 발달했다잖아.

세종대왕을 만나러 가는 길

어린이박물관에 도착해보니 한탐 선생님은 열심히 책을 보고 계셨어요. 우리가 불러도 대답을 안 하시고 책을 보고 계셨는데, 가까이 가서 보니 훈민정음해례본이었어요.

"여러분, 다들 왔어요? 오늘은 여주로 세종대왕을 만나러 갈 거예요~ 내준 숙제는 해 왔겠죠? 자, 같이 외워볼까요?"

지난번 선생님은 종이 한 장씩을 주시며 외워 오라고 하셨어요. 한국말 같기도 하고 무슨 주문 같기도 한 글이었는데, 훈민정음 서문이래요. 선생님이 시범으로 외우는데 10초 만에 다 외우셨어요. 우리가 30초 안에 다 외우면 오늘 아이스크림 사 주신다고 해서 하긴 했는데 무슨 말인지 알쏭달쏭해요. 신기한 것은 엄마도 아빠도 알고 있는 내용이었어요. 아빠가 고등학

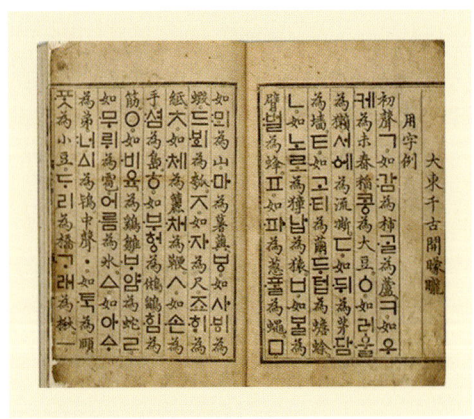
• 훈민정음 해례본
훈민정음을 만든 이유와 해설을 담은 책이에요.

교 때 외웠던 건데 15초 안에 외우면 못하면 선생님한테 혼나기도 했대요.

"나랏말씀이 듕귁에 달아 문짜와로 서로 사뭇디 아니할쎄..."

더듬더듬 했지만 우리는 모두 통과했어요. 선생님은 신나셨는지 랄랄라 콧소리를 내며 여주로 향했어요.

"세종대왕은 원래 아버지 태종의 곁에 묻히고 싶어서 살아있을

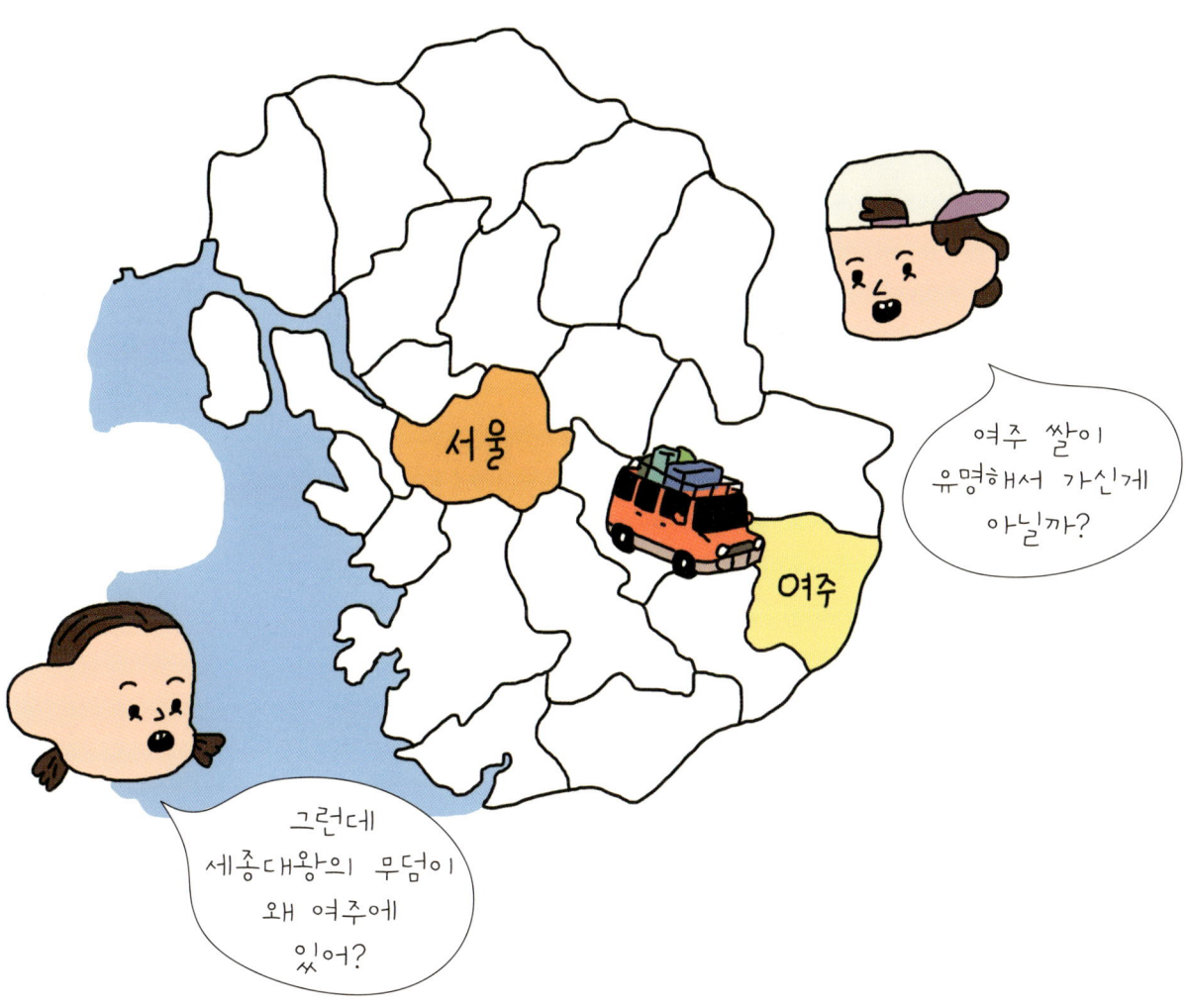

조선의 문화와 과학의 발달

때, 서울에 있는 대모산 자락에 이미 자신과 왕비의 무덤 위치를 정해 놓으셨어요. 그런데 왕비가 먼저 돌아가셔서 장례를 위해 땅을 팠는데 땅속에 물이 고여 있는 거예요. 놀란 신하들이 다른 무덤 자리를 찾자고 했지만 세종대왕은 아버지 곁보다 더 좋은 자리는 없다며 끝까지 그곳에 묻히길 고집했어요. 세종대왕은 자신의 뜻대로 아버지 곁에 묻혔으나 그 후 왕실에 사고가 잦아지면서 세종대왕의 무덤이 불길하다는 소문이 돌았어요. 세조는 아버지 세종대왕의 무덤을 옮기고 싶었어요. 그러나 신하들의 반대로 뜻을 이루지 못하고 돌아가셨지요. 세조의 뒤를 이은 예종은 할아버지 세종대왕의 무덤을 가장 좋은 곳으로 옮기는데 성공했어요. 여주 영릉이 바로 그곳이랍니다."

선생님 이야기를 듣는 동안 영릉에 도착했어요. 영릉은 무덤 앞까지 올라갈 수 있대요. 아, 정말 기대돼요.

# 백성을 가르치는 바른 소리, 훈민정음

영릉에 들어서자 수많은 전통과학 기구들이 보였어요. 우리는 나오면서 보기로 하고 일단 세종대왕이 잠들어 계신 무덤을 향해 곧바로 올라갔어요. 무덤으로 들어가는 문 이름이 '훈민문'이에요. 훈민정음에서 따왔나 봐요. 세종대왕의 무덤 앞에 서니 괜히 기분이 묘했어요. 우리 사총사는 서로 머뭇거리면서 아무 말도 못했어요.

· 영릉
세종대왕과 소헌왕후의 합장릉이에요.

"세종대왕님, 이번에는 우리 역사를 사랑하는 기특한 사총사와 함께 왔습니다. 훈민정음 서문도 외워 왔어요. 어디 한 번 들어 보시겠어요?"

우리는 서로를 쳐다보다가 천천히 외우기 시작했어요. 주변에 있던 어른들이 깜짝 놀란 얼굴로 우리를 쳐다봤어요.

"이야~ 대단한 어린이들이구만. 어른들도 쉽게 못 외우는 걸 다 외우다니. 세종대왕도 기분 좋으시겠는걸~"

우리는 무덤 앞에 앉아서 앞을 바라봤어요. 무척 포근한 경치였어요. 선생님은 하나하나 서문의 뜻을 풀이해 주셨어요. 훈민정음 서문은 세종대왕이 한글을 만든 이유를 밝힌 중요한 글이래요. 500년 전과 지금 쓰는 단어가 조금 달라 특이하게 느껴질 뿐 백성을 사랑하는 마음이 듬뿍 담긴 내용이었어요.

✱ 훈민정음 ✱

나·랏말쌈·미 中듕國·귁·에 달·아
文문字·쭝·와·로 서르 스뭇·디 아·니홀·씨
이런 젼·초·로 어·린 百·빅姓·셩·이
니르·고·져 ·홇·배 이·셔·도
무·춤:내 제·ᄠᅳ·들 시·러 펴·디
:몯홇 ·노·미 하·니·라
·내 ·이·룰 爲·윙·ᄒᆞ·야 :어엿·비 너·겨
·새·로 ·스·믈여·듧字·쭝·롤 밍·ᄀᆞ노·니
:사롬:마·다 :ᄒᆡ·여 :수·비 니·겨 ·날·로 ·뿌·메
便뼌安한·킈 ᄒᆞ·고·져 홇 ᄯᆞᄅᆞ·미니·라

| **해석** | 우리나라의 말이 중국말과 달라서, 한자와는 서로 통하지 않는다. 이런 이유로 글을 배우지 않은 일반 백성들은 말하고자 하는 바가 있어도 결국에는 제 뜻을 충분히 펼 수 없는 사람이 많다. 그래서 내가 이를 안타깝게 여겨 새로 스물 여덟 글자를 만들었으니 사람들로 하여금 쉽게 익혀서 나날이 쓰는 데에 편하게 하고자 할 따름이다.

 백성이 사랑한 글자, 훈민정음

우리가 훈민정음 서문을 완벽하게 외우자 선생님은 신이 나서 훈민정음에 대해 설명을 시작하셨어요.

"세종대왕이 한글을 만드시기 전까지 우리 조상들은 중국 글자인 한자만 사용했었어요. 한자는 글자 수도 많고 배우기도 어려워 백성들은 거의 대부분 한자를 몰랐지요. 글자를 모르니 불편한 점이 한두 가지가 아니었어요. 편지를 쓸 수도 없고, 나라에서 소식을 전하는 방을 붙여도 뭔 소리인지 알아볼 수 없었어요. 또 글을 모르니 억울한 일을 당하는 경우도 꽤

많았죠. 특히 재판을 할 때 자신의 억울함을 기록으로 남길 수 없다 보니 이런 사실을 알게 된 세종대왕이 매우 안타까워하셨어요. 그래서 세종대왕은 이런 백성들의 불편함을 가엾게 여겨 새로 글자를 만드셨어요. 그게 바로 훈민정음, 백성을 가르치는 바른 소리랍니다."

말은 우리말을 하고 글은 중국 글로 쓰다니, 그 어려운 한자를 다 알아야 쓸 수 있는 거잖아요. 급수 한자 외우는데도 엄청 힘든데 더 많은 글자를 익혀야 글을 쓸 수 있었다니 정말 한글이 만들어지고 난 뒤에 태어난 게 천만다행이에요.

"세종대왕은 가장 많은 소리를 표현하기 위해 자음은 발성기관의 모양을 본 따 만들었어요. 놀랍게도 이런 생각은 현대의 언어학자들보다 무려 500년을 앞선 생각이었지요. 자음을 담는 그릇인 모음은 하늘과 땅, 사람의 모습을 본 따 만들었답니다."

자음과 모음, 스물여덟 글자가 결합해서 소리 나는 모든 글자를 만들 수 있다니 백성들이 얼마나 신기해했을까요? 이후로 한글은

한글이 만들어진 원리

한글의 모음 기본자는 하늘(·)과 땅(ㅡ), 사람(ㅣ)의 모습을 본 따 만들었어요. 셋을 조합하면 모음이 다 만들어지지요. 자음 기본 다섯 글자는 발음기관의 모양을 본 따 만들었어요. 기본 글자에서 획을 하나 더하거나 약간의 변형을 하면 나머지 글자들이 만들어져요.

어금니소리	혀소리	입술소리	잇소리	목구멍소리
ㄱ	ㄴ	ㅁ	ㅅ	ㅇ
ㅋ	ㄷ	ㅂ	ㅈ	ㅎ
	ㅌ	ㅍ	ㅊ	
	ㄹ			

조선의 문화와 과학의 발달

백성들의 글자로 오랜 세월 사랑받았대요. 덕분에 지금까지 한글이 이어졌고, 우리는 편리하고 쉬운 한글을 사용하고 있는 것이에요. 어려운 한자를 계속 사용했다면 어땠을까, 라는 한탐 선생님의 질문에 우리 사총사는 생각하기도 싫다고 고개를 저었어요.

조선의 하늘을 관찰하다

이번에는 야외에 전시된 과학 기구를 보러 갔어요.

책에서만 봤는데 직접 보니까 정말 신기했어요. 세종대왕은 우리처럼 과학도 좋아했나 봐요.

"세종대왕은 우리 하늘의 움직임을 알아야 백성들이 더 쉽게 농사지을 수 있다고 생각하셨대요. 그래서 장영실, 이순지 같은 과학자들을 시켜 여러 천문기기와 시계 등을 만들었어요. 빗물의 양을 측정해 홍수와 가뭄을 대비하고, 절기를 계산해 언제쯤 어떤 농사일을 하면 좋을지 알 수 있게 되었어요. 한자를 쓰고 중국의 천문에 의지했던 조선이 세종대왕으로 인해 우리 글과 우리 하늘을 갖게 된 거지요."

선생님이 노트북으로 영상을 하나 보여주셨어요.

• 자격루

장영실이 만든 물시계예요. 여러 개의 물 항아리를 지나 길다란 수수호에 물이 채워지면 잣대가 올라가면서 구슬을 건드려 시보장치 안으로 들어가게 돼요. 그리고 시보장치 안의 구슬들이 여러 곳을 지나며 인형의 팔을 움직여 징과 북과 종을 치게 해요.

"이건 자격루예요. 다 본적 있죠? 물을 이용해 시간을 알리는 물시계잖아요. 물시계는 조선의 기본 시계인데 관리하는 자들이 밤이면 졸다가 시간을 틀리게 알리는 경우가 종종 있었어요. 그래서 장영실을 시켜 스스로 울리는 시계를 만들었어요. 저기 위에 있는 인형들이 1시진(2시간)에 한 번씩 종을 치고, 밤에는 북과 종을 쳐서 시간을 알려주거든요. 정말 대단하죠?"

저희도 공부 좀 했거든요. 선생님의 자격루 설명이 끝나자 우리도 수표, 앙부일구, 혼천의, 측우기에 대해 설명했어요.

선생님이 감탄하며 엄지손가락을 치켜들었어요. 사실 학교 과학의 달 행사 때 전통 과학기기에 대해서 우리 사총사가 발표했었거든요. 우리가 좋아하는 역사와 과학의 만남이라 신나서 조사했었는데 이렇게 직접 보고 다시 확인하게 돼서 너무 신나요.

강우량을 재는 측우기
조선 초 세계 최초로 강우량 측정 기구인 측우기가 발명되었어요. 나라에서는 각 지역의 강우량을 재는데 측우기를 사용하였어요. 오랫동안 비의 양을 기록한 내용은, 백성들의 일상생활은 물론이고, 특히 농사를 짓는데 큰 도움을 주었어요.

조선의 문화와 과학의 발달

조선의 음악을 발전시키다

영릉 마당에 있는 과학 기기들을 둘러보고 우리는 영릉으로 오는 길에 있던 세종대왕역사문화관으로 갔어요. 역사관은 세종대왕에 대해 잘 알 수 있도록 전시되어 있었어요.

선생님은 문화관 안에 있는 전통 악기들을 보며 말씀하셨어요.

"세종대왕 전까지는 우리 음악이 체계적으로 정리가 되어 있지 않았어요. 중국의 음악을 주로 연주했을 뿐 우리 음악에 대한 연구나 발전이 부족한 편이었지요. 그런데 세종대왕 때 와서는 우리 음악이 정리도 되고 발전도 많이 했어요. 박연 같은 뛰어난 음악가도 있었지만, 무엇보다 세종대왕 본인이 음악에 관심도 많고 재능도 있었어요. 요즘 표현을 쓰자면 취미는 독서, 특기는 음악 정도라고 할까요?"

세종대왕이 음악에 뛰어난 재능이 있었다는 것이 놀라웠어요.

선생님은 네모난 칸이 쳐진 종이를 보시고는 세종대왕이 만든 악보인 정간보라고 하셨어요. 그전에는 음만 표시하고 음의 길이가 표시되지 않아 불편했는데, 세종대왕이 만드신 정간보는 음의 길이도

표시할 수 있어 보기 편하고 좋았대요. 악보를 고안하시다니 음악에 대한 이해가 정말 뛰어났나 봐요.

"종묘제례에 쓰이는 음악도 세종대왕이 작곡하셨어요. 세종대왕은 살아있을 때는 우리 음악을 듣다 죽고 난 뒤 중국 음악을 듣는 게 어색하다고 생각했거든요. 그래서 종묘제례에 연주될 우리 음악을 정리했어요. 하지만 신하들의 반대 때문에 바로 연주되지는 못했어요. 훗날 세조가 신하들의 반대를 누르고 종묘제례 때 세종이 작곡한 음악을 연주했고 이후에 종묘제례악으로 정착되었어요. 지금은 자랑스러운 인류무형유산으로 정해졌답니다.

• 종묘제례 모습
종묘제례는 매년 5월 첫 번째 일요일에 해요. 그때 세종대왕이 작곡한 종묘제례악도 들어볼 수 있어요.

한 번은 이런 일도 있었어요. 박연이라는 음악가가 세종대왕 앞에서 새로 만든 편경의 연주를 들려주었을 때의 일이에요. 세종대왕은 처음 만든 악기의 연주를 듣고는 한 음이 약간 높은 것 같다고 지적했대요. 박연은 얼른 지적한 음을 내는 부분을 살펴보았지요. 편경은 돌을 갈아 만든 악기인데, 그 부분만 먹선이 있는 곳이 아주 조금 덜 갈렸던 거예요. 웬만한 악사들도 놓친 부분을 알아채다니 이 정도면 절대음감의 소유자라고 할 수 있지 않나요?"

집현전 신하들

"세종대왕은 정말 많은 일을 하셨어요. 농사, 과학, 의학, 경제, 문화, 국방, 음악, 미술, 지리, 학문… 하지만 일 욕심 많은 세종대왕도 이 많은 일들을 혼자 다 할 수는 없었겠죠? 그래서 집현전을 만들고 뛰어난 학자들을 모아 다양한 분야를 연구시켰어요. 스무 명의 학사

조선의 문화와 과학의 발달

들은 조선을 대표할 만한 뛰어난 학자들이었어요. 처음 집현전 학사들은 왕과 함께 나라를 위한 일을 열심히 연구할 수 있어 무척 기뻤대요. 학사들이 필요한 책이며 물품을 아낌없이 지원했거든요. 그런데 세종대왕이 시키는 일이 점점 많아지자 학사들은 지치기 시작했어요. 일이 많아도 너무 많았거든요. 결국 몇몇은 그만둘 거라며 사직서를 냈는데 세종대왕은 오히려 1년 동안 집에서 편히 책을 읽으며 휴식을 취하고 돌아오라며 휴가를 내줬대요. 학사들은 고개를 절레절레 흔들며 사직할 마음을 포기했어요. 세종대왕은 관리가 고달파야 백성이 행복하다고 생각한 분이셨거든요."

우리가 집현전 학사였다면 세종대왕이 미웠을 거예요.

세종대왕은 신하들이 힘들수록 백성들이 편해진다고 생각해서 절대 양보하지 않았대요.

집현전 학사들은 연구하느라 힘들어 죽을 지경이었지만 그 덕분에 빛나는 업적을 남길 수 있었어요. 또한 역사책 속에도 이름을 남겼으니 오히려 고마워해야 하지 않을까요?

세종대왕의 명이라면 무엇이든 해내기 위해 노력하던 집현전 학사들도, 새로운 글을 만드는 일 만큼은 반대하는 사람이 많았어요. 집현전을 대표하는 학자인 최만리는 훈민정음을 반대하며 세종대왕과 토론까지 벌였어요. 쫓겨나는 순간까지도 뜻을 굽히지 않았으니 이와 같은 강직한 신하들 덕에 세종대왕은 자신이 하는 일이 잘못이 없는 것인지 다시 한번 되돌아 볼 수 있었어요.

• 경복궁 수정전

수정전은 옛 집현전 자리에 만들어진 건물이에요. 집현전에서 젊은 학자들은 나라와 백성을 위해 학문을 연구했답니다.

집현전은 경복궁 안에 있는데 지금은 수정전이라는 이름으로 바뀌었대요. 우리 사총사는 다음에 경복궁에 가면 꼭 집현전 자리를 찾아보기로 했어요.

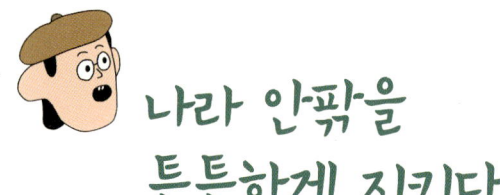
나라 안팎을 튼튼하게 지키다

　우린 여진족이 무릎을 꿇고 있는 그림 앞에 앉았어요. 선생님은 세종대왕의 가장 큰 업적 중 하나는 영토를 넓히고 외적을 물리친 일이라며 설명을 시작하셨어요.
　"세종대왕은 책과 학문을 좋아해 부드러운 이미지이지만, 세종대왕 때 국방 역시 튼튼하게 지켜지고 있었어요. 세종대왕이 왕이 된 지 얼마 되지 않았을 때 황해도에 왜구가 쳐들어왔대요. 이때는 태종이 군사권을 가지고 있을 때라 태종이 이종무를 쓰시마섬에 보내 왜구를 정벌하게 했어요. 북쪽의 여진족도 문제였어요. 압록강과 두만강 일대에 있던 여진족들이 자꾸 조선의 국경을 넘나들며 백성들을 괴롭혔거든요. 세종대왕은 김종서와 최윤덕을 북쪽으로 보내 여진족을 몰아내도록 했어요. 그때 4군 6진이 설치되면서 지금과 같은 한반도의 영토가 완성된 거예요."
　4군 6진을 지키는 건 쉬운 일이 아니었대요. 여진족이 끊임없이 쳐들어오기도 했지만, 조선 사람들을 그곳에 머물러 살게 하는 것도 힘든 일이었대요. 날씨도 춥고 농사짓기 쉬운 땅도 아니어서 처음

그곳에 온 백성들은 고생이 많았거든요. 그래서 이사 오는 사람들한테 군대도 면제시켜주고 세금을 깎아주기도 했대요. 그렇게 오랜 세월 노력한 끝에 압록강과 두만강 일대는 우리 백성들이 사는 진정한 우리 땅이 되었대요.

우리는 이제 박물관으로 돌아가기로 했어요.

훌륭한 임금님을 만났던 세종대왕 때의 백성들은 행복했을 거예요. 다른 시대에도 이렇게 백성을 사랑하는 임금님이 계속 나왔다면 얼마나 좋았을까요?

이제는 사람들이 왜 세종대왕한테만 꼬박꼬박 대왕이라고 부르는지 알 것 같아요.

조선의 문화와 과학의 발달

박물관에 도착한 우리는 세종대왕의 업적을 정리해 특별전을 준비하고 헤어졌어요.

90

한글로 숙제를 할 수 있음에 감사하며, 세종대왕님께 감사편지라도 써봐야겠어요.

<세종대왕을 기리다> 특별전 꾸미기

한눈에 정리하기

질문 하나,
다음은 훈민정음 해례본의 서문이에요. 이 정도는 충분히 외울 수 있죠? 그럼 다음 빈칸을 채워 줄래요?

"우리나라의 말이 (   )말과 달라서, 한자와는 서로 통하지 않는다. 이런 이유로 글을 배우지 않은 일반 (   )들은 말하고자 하는 바가 있어도 결국에는 제 뜻을 충분히 펼 수 없는 사람이 많다. 그래서 내가 이를 안타깝게 여겨 새로 (   ) 글자를 만들었으니 사람들로 하여금 쉽게 익혀서 (   ) 쓰는 데에 편하게 하고자 할 따름이다."

질문 둘,
이런, 다음 중 세종의 업적에 대해 잘못 알고 있는 친구가 있어요. 누구일까요?

-  훈민정음 창제
- 측우기 등 과학 기술 발달
- 4군6진 개척
- 한자 사용 금지

질문 셋,
다음은 세종대왕 때 만들어진 과학 기구들이에요. 과학기구의 이름과 쓰임을 알아볼래요?

- 천체관측기구인 (   )이지
- 해의 움직임으로 시간을 알려주는 (   )야
- 자동으로 시간을 알려주는 물시계, (   )야
- 강우량을 측정하는 (   )이지

●정답은 238쪽에서 확인하세요!

세종시대로 시간여행을 떠난다면?

> 한글에 대한 재미있는 이야기들을 알 수 있어.

1. 세계적인 글자, 한글의 모든 것
● 국립한글박물관

국립중앙박물관 옆에 위치한 국립한글박물관은 한글에 대해 잘 알 수 있는 박물관이에요. 한글이 어떤 원리로 만들어졌는지, 한글로 쓰인 책들과 한글이 적힌 여러 유물들이 전시되어 있어요. 우리가 늘 쓰지만 한글이 얼마나 과학적이고 체계적인 문자인지 잘 모르고 있었다면, 국립한글박물관은 가족들이 함께 꼭 가야 할 중요한 박물관이에요.

2. 서울에서 만나는 세종대왕 전시관 1
● 세종이야기

세종대왕의 일생과 업적을 전시한 전시관이에요. 광화문 광장의 세종대왕 동상 지하에 자리잡고 있어요. 세종이야기는 세종대왕의 생애와 업적을 다섯 가지로 전시해 두었는데, 그중 세종대왕의 품성과 취미, 가족관계 등이 어린이 눈높이에 맞게 잘 구성된 인간, 세종 코너가 인기 있답니다.

> 세종이야기는 충무공이야기랑 같이 있어서 이순신에 대해서도 함께 공부할 수 있어.

3. 서울에서 만나는 세종대왕 전시관 2
• 세종대왕기념관

홍릉수목원 앞에 있는 세종대왕기념관 역시 세종대왕의 업적에 대해 한눈에 살펴볼 수 있는 전시관이에요. 이곳 야외 전시실에는 세종대왕릉에 있었던 석물과 세종대왕신도비, 세종대왕기념탑, 세종대왕 동상 등이 세워져 있어요. 실내 전시실에는 세종의 일대기를 그린 그림이 있어서, 세종대왕의 일생과 업적을 쉽게 이해할 수 있어요.

야외전시장에 조선시대 수표도 있어. 꼭 확인해 봐.

4. 세종대왕이 잠들어 계신 곳
• 여주 영릉과 세종대왕역사문화관

여주 영릉은 세종대왕과 소헌왕후 심씨가 묻혀 있는 곳이에요. 영릉 입구로 들어서면 세종 때의 수많은 과학기기들이 재현되어 있어 그 모습을 자세히 관찰할 수 있어요. 훈민문을 통해 영릉으로 올라가면 조선 왕실의 왕릉체계를 한눈에 볼 수 있답니다. 설명문을 꼼꼼히 읽어본다면 원래 이곳에 있던 이계전의 무덤이 옮겨지고 세종대왕릉이 들어선 재미난 이야기도 찾아볼 수 있어요. 영릉으로 오는 길목에 있는 세종대왕역사문화관도 빼먹지 말고 꼭 들러보세요.

과학기기들을 직접 만져 볼 수 있어 좋아.

28 스물여덟 번째 여행

조선시대 사람들은 어떻게 살았을까?

조선의 신분제도

한국사 탐험을 떠나기 전 미리 생각해 올 것!

호패에 담긴 내용을 알아봅니다.
조선시대, 우리 조상들의 일생은 어땠는지 알아보세요.

준비물

나만의 호패, 필기구, 수첩

연표

- 1392년 조선 건국
- 1394년 한양 천도
- 1443년 훈민정음 창제
- 1445년 세조 즉위
- 1485년 경국대전 간행

나는 노비 싫어!

노비라도 어쩔 수 없어. 조선은 신분 사회이니깐!

신분이 나뉜 조선

박물관에 도착하니 한탐 선생님이 칠판에 커다란 피라미드를 그리고 계셨어요. 우리는 뭔가 싶어 선생님의 그림을 계속해서 지켜봤어요. 선생님은 몇 개의 칸으로 나눈 뒤 맨 위부터 양반, 중인, 상민, 천민이라고 쓰셨어요. 저게 다 뭘까요?

"조선도 고려나 삼국처럼 신분이 나누어진 나라라고 했죠? 저기 보이는 것처럼 양반부터 천민까지 다양한 신분들이 어울려 살았던 나라가 조선이에요. 물론 각각의 생활은 다른 점이 많았어요. 신분별로 한 번 알아볼까요?"

양반이나 천민은 많이 들어봤는데 중인은 좀 낯설었어요. 백성들을 상민이라 부른다는 것도 선생님의 설명을 듣고 알게 되었어요.

"조선에서 가장 높은 신분은 양반이에요. 양반은 원래 글 쓰는 신하인 문반과 칼 쓰는 신하인 무반을 합쳐 부르던 말이었어요. 양반은 세금을 면제받고, 나라에서 여는 각종 행사에도 참여할 수 있는 등 특별한 권리를 누렸어요.

중인은 양반보다는 낮고 평민보다는 높은 사람들인데, 주로 기술

과 관련된 일을 하는 사람들이었어요. 요즘으로 치면 과학자, 법률가, 의사, 통역가 등이 중인쯤 될 거예요. 대를 이어 전문적인 직업을 가진 사람들이랄까?

상민은 흔히 평민이라 부르는 일반 백성들을 가리키는 말이에요. 농사짓고 고기 잡고 장사하는 평범한 백성들. 세금을 내고 군대에 가는 것도 다 백성들 몫이었어요.

그리고 소나 돼지를 잡는 백정, 술자리에서 노래하거나 흥을 돋우는 기생, 점을 치고 굿을 하는 무당, 재주를 부리는 광대들은 상민이나 천한 직업으로 여겨졌어요.

마지막으로 천민은 조선에서 가장 낮은 신분의 사람들로 대부분

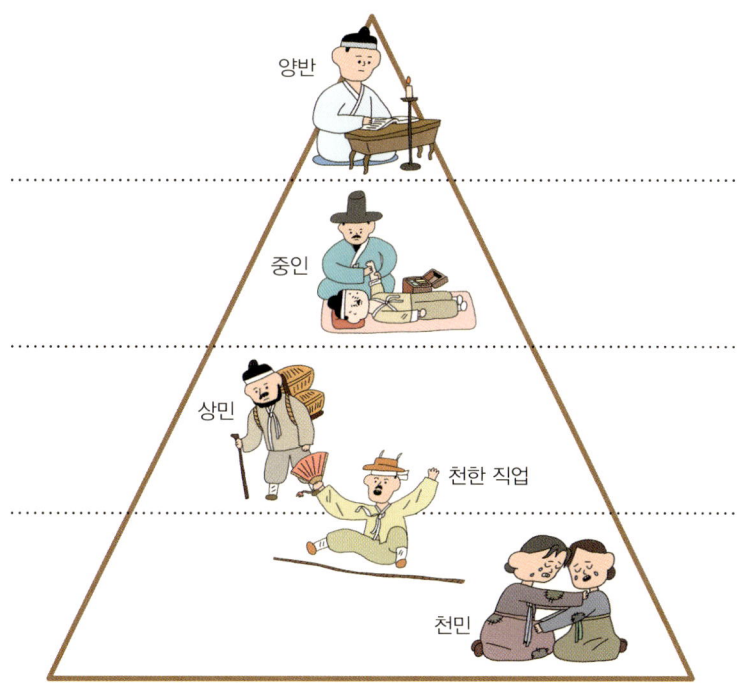

노비였어요. 그들은 사고 팔리는 존재였어요."

선생님은 조선시대 사람들의 생활 모습을 알 수 있는 장소를 찾아오라고 숙제를 내주셨어요. 물론 우리들은 의논해서 가장 좋은 곳들을 찾아보았답니다.

한탐 선생님은 역시 역탐 어린이들이라며 칭찬해 주셨어요.

"이번 시간은 신분마다 어떤 생활을 했는지 알아볼 거예요. 순서는 왕, 양반, 중인, 상민, 천민으로 하는 게 어떨까요? 자, 그럼 오늘도 출발~"

첫 번째로 갈 곳은 왕실의 생활 모습을 전시한 국립고궁박물관이랍니다.

쉴 틈 없는 왕의 하루

 국립고궁박물관은 경복궁 바로 옆에 있어요. 이곳은 왕실에서 사용했던 유물을 전시한 곳이래요. 임금님이 탄 가마와 자동차뿐만 아니라 옷과 꾸미개, 도장인 어보, 편지, 책, 깃발, 접시… 없는 게 없다고 해요.

 박물관 입구에서 선생님이 미션을 주셨어요. 미션은 '왕의 하루 시간표 찾기'였죠. 하지만 우리는 임금님이 탔다는 자동차를 보다가 미션을 깜빡했어요. 자동차가 정말 신기했거든요.

 "여러분, 왕의 시간표는 찾지 않고 모두 엉뚱한 것에 정신이 팔렸네요. 그럼 우리 함께 찾아보며 이야기 할까요? 임금님이 일어나는 시간은 보통 몇 시쯤 될까요? 놀라지 마세요. 임금님은 아침 4-5시에 일어나신답니다. 백성에게 모범을 보

• 순종어차

순종 황제께서 타셨던 자동차로, 미국의 GM사가 1918년쯤에 만든 걸로 추정된대요. 황금 오얏꽃과 황금색 비단으로 꾸며져 있고, 차체가 나무로 만들어져 마차 같은 느낌이 들어요. 5년에 걸쳐 수리 복원돼 전시되고 있어요.

조선시대 사람들은 어떻게 살았을까? **101**

여야 하기 때문에 해가 뜨기 전에 일어나는 거예요. 그리고 간단하게 죽으로 아침 간식을 드신 후 왕실 어른들께 문안을 드리러 가시지요. 왕실 어른이라면 할마마마, 어마마마가 되겠죠? 인사 후 돌아와 아침 식사를 하고 아침 경연에 참가했어요. 경연은 왕과 신하들이 함께 학문에 관해 토론하는 자리인데, 아침·점심·저녁 하루에 3번씩 했다고 해요. 경연이 끝나면 아침 조회와 업무 보고를 받고, 점심을 먹은 후 다시 낮 경연, 오후에는 지방으로 가는 신하를 만나 당부를 하거나 지방에서 올라온 신하에게 보고를 받았어요. 그리고 낮에 짬이 나면 활쏘기를 하거나 말타기를 했지요. 왕은 무예훈련도 게을리해서는 안되거든요."

"왕이 할 일이 그렇게 많아요?" 상상이가 물었어요.

"그럼요, 왕이 해야 할 일은 아직 많이 남아있답니다. 왕은 그날 궁궐에서 야간 근무하는 사람들을 확인한 후 그날의 야간경비 암호를 정했어요. 그건 왕의 안전과 관련된 중요한 일이었죠. 저녁 경연과 식사를 한 후 왕실 어른께 저녁 문안을 드리고 침전으로 드셨어요. 하지만 바로 잠드는 것이 아니라 상소문을 읽거나 밀린 업무들을 처리한 후 밤 11시가 넘어서 잠자리에 드셨지요."

사실 왕은 화려한 궁궐에서 좋은 옷 입고 맛있는 음식 먹으며 자기 멋대로 살 줄 알았어요. 그런데 이야기를 들어보니 임금님은 무지 바쁜 하루를 지내셔야 하나 봐요. 나라의 모든 일을 결정해야 한다니 마음에 부담도 많이 될 거 같았어요. 임금님은 언제 쉬시죠?

식구들하고 이야기는 언제 나누나요? 우리는 부러운 마음이 슬그머니 사라졌어요.

평생 공부 하는 양반

박물관을 나온 우리는 남산 아래 한옥마을로 향했어요. 남산골 한옥마을은 서울 시내 곳곳에 있었던 한옥을 한 곳으로 모아 만든 장소였어요. 매일 공연이 있고 체험 행사가 있어 외국인들로 북적북적한 곳이었어요.

한옥마을에는 여러 채의 한옥이 있었어요. 우리는 그중 제일 큰 집인 관훈동 민씨 가옥에 들어갔어요. 집은 안채와 사랑채로 나뉘어져 있었는데, 안채는 주로 여성들이 생활하는 공간이고 사랑채는 주로 남성들이 생활하는 공간이래요. 손님들이 오시면 사랑채에서 이야기를 나누고는 했지요. 집에 장독이 얼마나 많은지가

• 남산한옥마을
서울 곳곳에 있던 한옥 다섯 채를 모아 만든 마을이에요. 집안에는 다양한 생활도구들도 갖춰져 있어 옛 사람들의 생활모습을 잘 알 수 있어요.

그 집에 손님들이 얼마나 드나드는지 알 수 있는 기준이 되기도 했대요. 넓은 집, 좋은 옷과 음식. 조선시대 양반들은 편하게 생활했었나 봐요.

"양반은 관직에 올라 나랏일을 하는 사람들이었어요. 높은 신분인 만큼 지켜야 할 행동도 많았고, 과거시험에 붙어야 하니 어린 시절부터 과거 공부를 해야 했지요. 증조할아버지, 할아버지, 아버지 그리고 자신까지 과거시험에 떨어지면 더 이상 양반으로 대우받지 못했다고 해요. 그렇게 되지 않으려고 쉬지 않고 공부했던 거에요."

양반은 누구나 관직에 오를 수 있는 거 아닌가요? 과거시험은 웬만하면 합격하는 거 아니었나요?

"과거에 합격하는 것은 정말 어려운 일이에요. 일단 1단계 시험인 소과 시험에 합격해야 2단계 시험인 대과를 치를 수 있었어요. 소과 합격도 쉬운 일은 아니었지요. 3년에 한 번 있는 대과는 요즘으로 치면 예선, 본선, 결선으로 진행되는데, 전국에서 총 200명만 예선을 통과했어요. 매년 보는 것도 아니고 3년에 한 번, 그것도 전국에서 200명만 예선 통과. 어때요? 여러분이라면 할 수 있겠어요?"

우리는 깜짝 놀랐어요. 과거시험 예선이 그렇게 어려울 줄이야. 본선은 전국에서 33명만 합격한대요. 과거 합격자들은 정말 천재 중의 천재인가 봐요. 본선에서 뽑힌 33명은 임금님이 낸 문제로 결선을 치르는데, 이걸 채점해서 등수를 매긴다고 하니 정말 긴장되고 떨리는 일이었을 것 같아요."

조선 최고의 부자는 역관

왕도 양반도 다 마음에 안 들어요. 높은 자리에 있으니 편하게 으스대면서 사는 줄 알았더니 아니었어요. 선생님은 오히려 신분이 낮을수록 몸은 힘들지만 훨씬 더 자유롭게 살았다고 했어요.

한옥마을에 있는 다섯 채 집 가운데 네 채는 양반가옥이지만 한 채는 중인의 집이래요.

지금의 건축가와 같은 도편수 이승업의 집이에요. 도편수는 중인 신분이었어요. 중인은 전문적인 기술을 가진 사람들이잖아요. 그러다 보니 큰돈을 벌거나 나라를 위해 큰 공을 세워 높은 벼슬을 받는 경우도 있었어요. 하지만 양반보다 낮은 신분이라 아무리 돈이 많고 유명해도 집은 함부로 지을 수 없었어요. 경복궁을 지을 실력에 돈

• 도편수 이승업 가옥

조선시대 건축가 이승업의 집이에요. 규모가 크지는 않지만 궁궐을 지었던 사람답게 곳곳에 솜씨를 부린 장식들이 많이 있어요.

도 많았지만 자신의 집은 양반집보다는 크지 않게 만들었어요. 대신 꼼꼼히 만들어서 숨어 있는 깔끔하고 예쁜 장식이 많았어요.

"여러분~ 조선에서 제일 부자는 어떤 사람이었을까요? 높은 벼슬을 하는 양반이나 장사를 하는 상인일 것 같지요? 그들도 대단한 부자들이 많았지만 조선 제일의 부자는 따로 있었어요. 바로 중인들이지요. 의원이나 군인 중에도 부자가 많았지만 통역을 맡은 역관이야말로 부자 중의 부자였어요."

"어떻게 역관이 돈을 벌 수 있어요? 외국말을 잘해서 그런가요?" 우리는 선뜻 이해가 되지 않았어요. 지금도 통역사가 있지만 그렇게 부자는 아닌 것 같거든요. 수출을 하는 기업이 제일 부자잖아요.

"빙고! 예나 지금이나 무역을 해야 큰돈을 벌 수 있었답니다. 그런데 조선시대는 평소에 나라 간의 무역이 금지되어 있었어요. 유일하게 허락되는 경우가 중국과 일본으로 사신단이 갈 때였지요. 많은 사신단이 오랜 시간 길을 다녀오려면 돈이 많이 들기 때문에 물건을 사고팔아 남은 돈으로 외교를 했다고 해요. 그러다 보니 외국어를 할 줄 아는 역관의 도움이 꼭 필요했죠.

역관은 따로 월급이 없는 대신 무역을 할 수 있는 권리를 줬어요. 역관은 인삼을 팔아 큰돈을 벌었어요. 그리고 중국과 일본의 귀한 물건을 사서 조선에 팔았어요. 많은 양반과 중인, 심지어는 왕실과 상인들도 역관에게 부탁해 물건을 사다 보니 몇몇 역관은 지금의 대기업처럼 큰 상단(무역회사)을 이끌기도 했답니다."

중인이 조선의 무역을 담당했다니 놀라운 일이에요. 자, 왕과 양반, 중인의 생활을 알아봤으니 이제 상민의 생활을 알아볼 차례예요. 그럼, 이제 농업박물관으로 고고고~

농사는 세상의 근본이야

농업박물관은 도시 한복판에 있었어요. 바로 옆이 서대문인 돈의문이 있었던 자리래요.

박물관 야외마당에는 물레방아와 초가 정자도 있고 벼, 목화 같은 작물들이 심어져 있었어요. 서울에서 벼를 보게 되다니 신기했어요. 박물관 입구에는 우리 키보다 훨씬 큰 나락 뒤주*도 있었어요.

• 뒤주
벼 보관하는 큰 통

"상민은 우리가 흔히 말하는 백성들이에요. 고기 잡는 어부, 물건 만드는 공인, 장사하는 상인, 나무꾼 등 다양한 일을 하지만 대부분은 농사를 지었어요. 그러니 백성들의 생활을 알려면 농민들의 이야기를 알아야겠죠?"

농민들의 집은 대체로 방이 2~3칸인 작은 초가집이었어요. 선생님은 농민들에 대해 이야기해주셨어요.

• 농업박물관
농업의 역사와 농촌의 사계절을 볼 수 있는 박물관이에요. 옛 농기구들도 많이 전시하고 있어요. 바로 옆에는 쌀박물관이 있으니 함께 보면 좋아요.

"농민들은 보통 초가집에서 살면서 농사를 짓거나 가축을 키우며 살았어요. 새벽같이 일어나 논이나 밭으로 나가 하루 일과를 시작했지요. 논농사는 혼자 하기는 지겹고 힘든 일이라 마을 사람들과 함께 노래 부르며 일을 하곤 했어요. 그럼 흥이 나서 일하기 좋겠죠? 그리고 계절에 맞춰 여러 가지 놀이와 제사도 지냈답니다. 저기 보이는 세시풍속이 바로 그것이에요. 아이들은 이날만을 손꼽아 기다렸어요. 풍년이 되길 기원하며 모두들 빌고 또 빌었지요."

상민들은 세금을 내야 할 의무가 있었대요. 그 세금은 농사지어서 내는 세금도 있지만, '역'이라고 해서 군대에 가거나 공사현장에서 일을 하는 것처럼 몸을 써야 할 때도 있었죠. 특산물을 내야 하는 경

우도 있었대요.

　세금을 내는 일이 힘들기는 했지만 상민들은 비교적 자유로운 생활을 했다고 해요. 마을사람들끼리 서로 도우며 농사짓고, 절기 때는 함께 놀이를 즐기기도 했어요. 양반만큼 체면을 차리지 않아도 되니 더우면 개울가에서 멱을 감고, 바쁘면 달리기도 할 수 있으니 생활이 좀 편했겠지요. 화려한 집에서 살지는 않았지만 상민들의 소박하고 마음 편한 생활이 양반들보다 더 나아 보이기도 해요.

말하는 짐승, 노비

우린 농업박물관 마당으로 나와 초가 정자에 앉았어요. 선생님이 노비 하면 떠오르는 사람이 있냐고 말씀하셔서 우린 장영실 이야기를 했어요. 똑똑이는 고려시대에 천민 출신 이의민이 최고 권력자가 되었다는 이야기도 했어요.

"모두 대단한걸요. 장영실, 이의민은 모두 노비 출신이지만 뛰어난 실력으로 신분이 바뀌어 높은 자리까지 갔던 대단한 인물들이지요. 하지만 이와 같은 일은 아주 드물었어요. 노비는 말하는 짐승으로 불릴만큼 푸대접과 무시를 당하며 살았어요. 예전에 똑똑이 누나가 숙제로 냈었던 "노비 언년이의 하루"를 선생님이 가져 왔는데 똑똑이가 한 번 읽어 볼래요? 노비가 어떤 생활을 했는지 잘 알 수 있을 거예요."

똑똑이는 누나가 쓴 글을 읽기 시작했어요.

> 언년이는 아씨의 심부름을 주로 하는 몸종이에요.
> 오늘처럼 아씨를 찾는 손님이 오면 손님을 위해 다과상을 차

려 방안에 가져다주었어요.

언년이는 아침 일찍 일어나 아씨가 세수할 물을 길어온대요. 아씨 방 청소, 아씨의 빨래거리를 챙기는 일도 언년이의 일이었어요. 추운 겨울 밤새 아씨 방에 장작을 때는 것이 언년이에게는 가장 힘든 일이었어요.

드물지만 바깥나들이를 할 때, 낯선 총각들의 말을 자르고 얘기를 전하는 것도 언년이가 하는 일 중 하나였어요.

언년이는 태어나면서부터 노비였어요.

언년이의 어머니가 여기 김 대감 댁 노비라 언년이도 태어나면서 이 집 소유가 되었지요.

노비가 자식을 낳으면 주인집의 재산이 되는 것이었거든요. 언년이는 그래도 좋은 주인을 만나 고생을 덜 하는 거였어요. 우물가에서 가끔 만나는 이웃집 노비 순덕이는 모진 주인을 만나 고생이 심해요. 순덕이의 주인은 말을 잘 듣지 않는다며 매질을 하기도 했고, 순덕이네 엄마를 다른 집에 팔아 어머니와 영영 만날 수 없게 되었거든요. 이른 새벽부터 늦은 밤까지 계속 일을 해야 했고, 끼니도 제대로 챙겨주지 않는대요. 언년이는 순덕이 이야기를 하며 순덕이가 불쌍하다고 눈물을 흘렸어요.

노비들의 생활을 듣고 나니 너무 우리는 안타까운 마음이 들었어요. 신분마다 생활이 이렇게 다를 줄 몰랐어요. 평등한 세상이 된 지금이 좋은 거 같아요.

조선시대 사람들은 어떻게 살았을까?

# 조상들의 일생, 나이살이

마지막으로 간 곳은 국립민속박물관이에요. 전시실이 3개나 되는데 한탐 선생님은 세 번째 전시실인 〈한국인의 일생실〉만 갈 거라고 하셨어요. 지금까지 왕, 양반, 중인, 농민, 노비의 생활을 따로따로 보았으니 이제는 사람이 태어나서 죽을 때까지 어떤 일들이 있는지 살펴볼 거래요.

"오늘은 여러분이 미리 공부하고 온 것을 확인도 할 겸 나이살이 골든벨을 해봐요. 첫 번째 문제는 아기를 점지해 주시는 분이 누구인지 맞춰보는 거예요."

첫 번째 문제의 답은 삼신할머니였어요. 이 정도는 우리에게 아무것도 아니죠. 우리를 엄마 뱃속에 점지해주고 건강하게 태어나도록 지켜주신 분이잖아요.

한탐 선생님은 돌상이 전시된 곳으로 가셨어요. 그리고 돌상에 올려진 돌잡이 문제를 두 번째로 내셨어요. 돌 때 잡는 물건이 상징하는 게

• 삼신상
아기를 점지해 준 삼신할머니께 감사하는 의미로 차리는 상이에요.

무엇이냐고요. 실은 오래 사는 것, 돈은 부자, 붓은 학자, 활은 장군, 바늘은 손재주를 가리키는 것이잖아요.

세 번째는 관례에 대한 문제였어요. 조상들은 보통 15살에서 20살 사이에 관례를 한대요. 그런데 관례를 어떻게 치를까요? 아하, 남자는 상투를 틀고, 여자는 쪽을 지었대요.

네 번째는 혼례였어요. 결혼하는 남녀가 평생 서로 사랑하라는 뜻으로, 신랑이 나무를 깎아서 신부에게 선물하는 새는 무엇이냐고, 물으셨어요. 우리 사총사는 얼마 전 상상이네 이모가 결혼한 걸 생각하며, 원앙새라고 대답하였는데 정답은 기러기였어요.

• 돌상

아기가 태어난지 1년이 되면 돌잡이를 해서 아이의 미래를 점쳐봤어요.

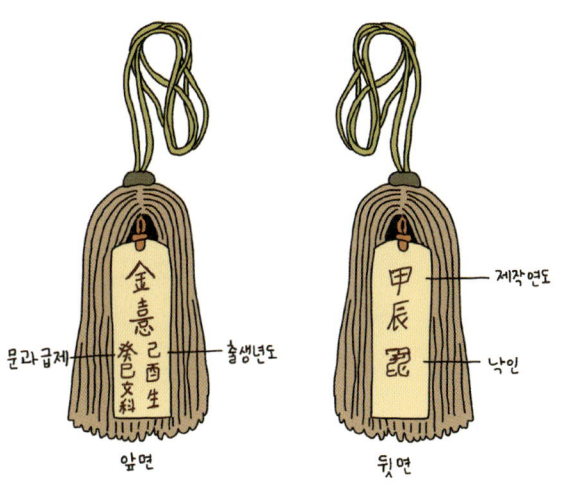

• 호패

16세 이상의 남자가 지니는 신분증이에요. 양반, 중인, 상민, 노비에 이르기까지 모두 사용하였는데, 이름과 관직, 거주지, 얼굴과 키 등이 기록되기도 하였어요.

• 기러기

한번 짝을 맺으면 평생 그 짝하고만 사는 동물이래요.

조선시대 사람들은 어떻게 살았을까?

다섯 번째는 상례에 관한 문제인데, 돌아가신 분을 무덤까지 모시기 위해 태우는 꽃가마가 무엇인지 알아보라고 하셨어요. 우리는 전시실의 설명에서 힌트를 얻어 냉큼 대답하였어요. 바로 상여예요. 상여는 정말 예뻤는데, 돌아가신 분을 마지막 배웅하는 마음을 알 것 같았어요.

- 꽃상여

화려하게 장식된 상여는 마지막 가시는 길을 잘 보내드리고 싶은 마음이 담겨있어요.

• 제사

조상을 섬기는 일을 중요하게 생각했던 조선에서 제사는 아주 중요한 의식이었어요.

　이제 마지막 문제예요. 우리 선조들은 조상들이 후손의 가문과 자손을 잘 지켜 준다고 믿었대요. 그래서 조상님들께 이것을 지냈대요. 이것이 무엇일까, 질문하셨어요. 요즘은 많이 간단해졌지만, 설이나 추석에도 지낸대요. 우리는 설이나 추석이라는 낱말에서 힌트를 얻었어요. 바로 제사예요. 태어나서 죽을 때까지 나이살이를 문제를 풀면서 보니까 쉽고 재미있었어요.

　박물관으로 돌아가서 오늘 체험한 것들을 정리해 봐야겠어요.

조선시대 사람들은 어떻게 살았을까?

신분대로 역할을 나누어 연극해보기

질문 하나,
나이살이 중 중요한 행사들이네요. 보기를 참고해, 그림에 맞는 나이살이를 넣어줄래요?

• 보기 : 관례, 혼례, 상례, 제례

(   )   (   )   (   )   (   )

질문 둘,
호패 다 준비했지요? 나만의 호패를 꾸며보아요.

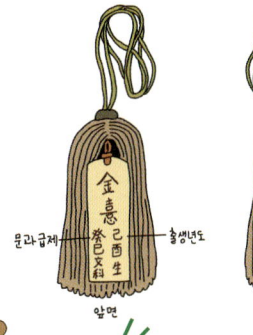 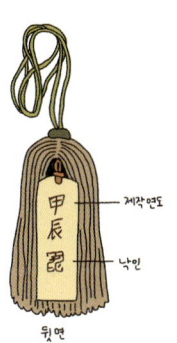 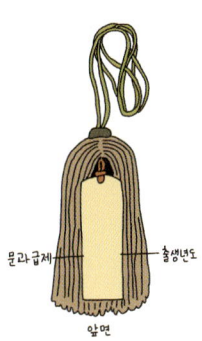 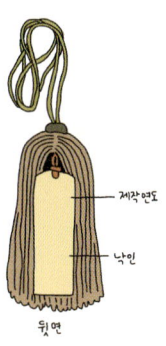

질문 셋,
저런, 농민의 역할에 대해 잘못 알고 있는 친구가 있어요. 누구일까요?

 농사를 짓고 나라에 세금을 냈어요.

 특산물을 구해 나라에 바쳤어요.

 전쟁이 나면 장군이 되어 전쟁터에 나가 싸웠어요.

 봄이 되면 성벽을 고치거나 관청의 건물을 수리하기도 했어요.

?＿＿＿＿＿＿＿＿＿＿

• 정답은 238쪽에서 확인하세요!

조선시대 신분제도를 찾아 시간여행을 떠난다면?

> 조선 시대 왕들은 나랏일로 너무 고달팠어.

1. 왕실의 생활을 알 수 있는 곳
- 국립고궁박물관

국립고궁박물관은 왕실의 유물을 통해 왕과 왕실의 생활을 보여주는 곳이에요. 3층 10개 전시실에는 약 이 천여 점의 왕실 유물이 전시되어 있어요. 그중에는 태조대왕의 어진, 세종대왕의 어보, 정조대왕의 편지 같이 역사 속 위대한 왕들의 이야기를 찾을 수 있는 유물이 여러분을 기다려요. 더불어 대한제국 황실의 생활을 보여주는 자동차, 그릇, 사진들이 우리의 눈길을 사로잡는답니다.

> 양반은 물론이고, 백성들의 생활까지 알아볼 수 있는 마을이야.

2. 조선시대 모습을 간직한 한국의 대표 민속마을 1
- 경주 양동마을

양동마을은 조선시대 마을 모습이 잘 남아있어 유네스코 세계문화유산으로 지정된 곳이에요. 월성 손 씨와 여강 이 씨가 모여 사는 이 마을에는 기와가 멋들어진 양반집들과 일반 백성들의 초가집, 그리고 바깥에 따로 살림을 차려 사는 외거노비의 집들도 잘 남아있어요. 근처에는 조선을 대표하는 유학자 이언적 선생님이 머무시던 독락당과 옥산서원이 있으니 함께 둘러보면 좋아요.

3. 조선시대 모습을 간직한 한국의 대표 민속마을 2
● 안동 하회마을

영국의 엘리자베스 여왕이 찾아오기도 한 하회마을은 풍산 류씨 가문이 모여 사는 대표적인 집성촌이에요. 전통마을의 모습이 잘 남아있어 양동마을과 더불어 세계문화유산으로 지정되었어요. 낙동강이 휘감아 돌아가는 곳에 있는 하회마을은 기와집과 초가집의 모습을 보는 것도 훌륭하지만 하회탈춤 공연과 선유줄불놀이 같은 볼거리도 있어 많은 사람들이 사시사철 찾는 곳이랍니다.

양동마을과 함께 세계문화유산으로 지정받은 민속마을이야.

4. 조선시대 모습을 간직한 한국의 대표 민속마을 3
● 낙안읍성민속마을

낙안읍성은 읍성 안에 조선시대 마을 모습이 고스란히 잘 남아있어 마치 시간여행을 떠난 것 같은 느낌을 주는 마을이에요. 마을 가운데 동헌도 남아있고 감옥도 남아있어서 재미있는 체험사진을 찍을 수 있기도 해요. 성벽을 따라 산책하다보면 초가지붕들의 모습이 한눈에 쫙 보이는데 그 모습이 너무 멋져요.

조선시대 사람들의 일상을 체험할 수 있는 곳이지.

29 스물아홉 번째 여행
어린 임금의 슬픔

나랏일을 다 책임져야 한다잖아.

단종에서 성종까지

✱ **한국사 탐험을 떠나기 전 미리 생각해 올 것!**

단종을 전후해서 왕이 이어지는 과정이 조금 복잡해졌어요.
세종부터 성종까지 왕위 계보도를 찾아보아요. 왕자들까지 포함해서 말이에요.

✱ **준비물**

왕위 계보표, 필기구, 수첩

연표

- 1452년 단종 즉위
- 1453년 계유정난
- 1455년 세조 즉위
- 1456년 사육신 사건
- 1469년 성종 즉위

왕은 엄청 바쁠 것 같아 싫어.

무섭고 부담스러울 것 같아.

열두 살 단종, 조선의 6번째 임금이 되다

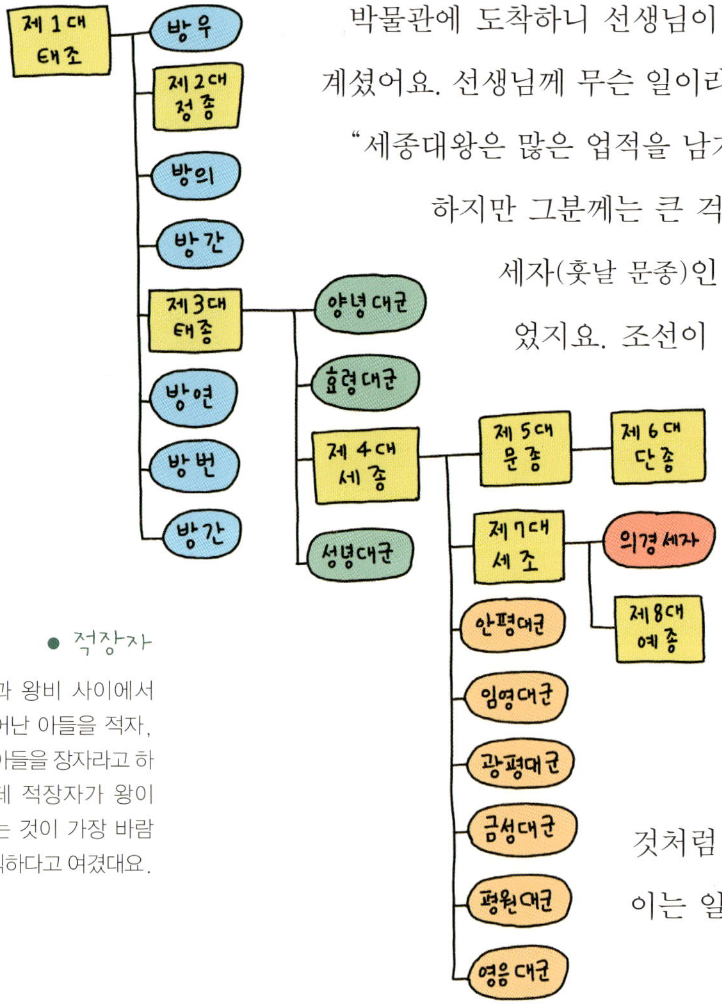

박물관에 도착하니 선생님이 근심 가득한 얼굴로 앉아 계셨어요. 선생님께 무슨 일이라도 생기신 걸까요?

"세종대왕은 많은 업적을 남기신 뛰어난 임금이었어요. 하지만 그분께는 큰 걱정이 하나 있었어요. 바로 세자(훗날 문종)인 큰아들의 몸이 약한 것이었지요. 조선이 건국되고 처음 맞이한 적장자• 출신 세자였는데 말이에요. 세종은 몸이 약한 세자로 인해 아들들 사이에 권력다툼이 일어날까 걱정했어요. 마치 자기 아버지 태종이 그랬던 것처럼 형제들끼리 서로 죽고 죽이는 일이 벌어질까 봐요. 그래서

• 적장자
왕과 왕비 사이에서 태어난 아들을 적자, 큰아들을 장자라고 하는데 적장자가 왕이 되는 것이 가장 바람직하다고 여겼대요.

성삼문, 박팽년, 신숙주 같은 집현전 신하들에게 세자와 세손(훗날 단종)의 앞날을 부탁했어요."

그러고 보니 태조, 정종, 태종, 세종 모두 첫째 아들이 아니었는데 왕위에 올랐어요. 문종은 큰아들로는 처음으로 왕위를 잇게 된 거네요. 왕실 사람들이 얼마나 기대를 했을까요.

"하지만 세종이 걱정했던 것처럼 문종은 왕위에 오른 지 2년 만에 돌아가시게 돼요. 그리고 문종의 하나뿐인 아들인 단종이 왕위에 올랐는데, 그때 단종의 나이 겨우 12살이었어요."

세상에 12살에 왕이 되다니, 요즘으로 하면 5학년이 왕이 된 거잖아요. 선생님 말씀이 원래 나이 어린 왕이 왕위에 오르면 수렴청정이라고 해서 왕의 어머니나 할머니가 뒤에서 정치를 도와주기도 했대요. 그런데 단종은 어머니도 할머니도 이미 돌아가셔서 아무도 계시지 않았대요.

어린 임금의 슬픔

"문종은 죽기 전 김종서와 신하들에게 단종의 앞날을 부탁했어요. 그래서 단종이 왕이 된 뒤, 그들의 힘이 강해졌지요. 그러자 여기에 불만을 갖는 사람들이 생겨났어요. 바로 단종의 삼촌들인 수양대군과 안평대군이었어요. 왕실의 힘이 약해진다고 생각했던 수양대군과 안평대군은 단종을 보호한다며 궁에 자주 드나들었어요. 그러자 그들 주변에도 사람이 모이기 시작했어요."

아, 세종대왕이 걱정하는 일이 벌어지는 걸까요? 우리는 떨리는 마음으로 다음 이야기를 기다렸어요. 뭔가 뒤에 안 좋은 일이 벌어질 것 같은데 선생님은 뒷이야기는 첫 탐방장소에서 해주시겠다며 박물관을 나섰어요.

세조, 왕위에 오르다

선생님은 우리를 데리고 사육신 공원으로 들어갔어요. 홍살문을 지나 쭉 들어가니 사당 건물이 있고, 뒤이어 무덤들이 나왔어요.

"여기 묻혀계신 분들은 단종을 위해 목숨을 바친 분들이에요. 성삼문, 박팽년, 유응부, 이개, 하위지, 유성원인데 왕을 위해 목숨을 바친 6명의 신하라는 뜻으로 사육신이라 불려요."

• 사육신묘

단종을 위해 목숨을 바친 6명의 신하들을 모신 곳이에요. 나중에 김문기의 묘가 추가로 들어와 현재는 7명의 무덤이 있어요.

단종을 위해 목숨을 바친 신하들이라니 도대체 무슨 일이 있었던 걸까요?

"단종에게 수양대군은 가장 의지할 수 있는 어른이었어요. 아버지와 가까웠던 삼촌이었고, 자기를 아껴주었으니까요. 그런데 수양대군은 점점 자신을 따르는 사람들이 많아지자, 권력에 대한 욕심이 생겼어요. 김종서는 그런 수양대군을 견제하기 위해 안평대군을 가까이했지요.

단종이 왕이 되고 1년 뒤, 수양대군은 군사를 이끌고 김종서 등 자신의 반대편에 있던 신하들을 모조리 죽였어요. 그들이 단종 대신 안평대군을 왕으로 만들려 했다는 누명을 씌워서 말이에요. 결국 안평대군까지 죽음을 맞이하게 돼요. 이 사건을 '계유정난'이라고 불러요.

이후 수양대군은 영의정 겸 병조판서 등 여러 중요한 직책을 맡아 실질적인 왕 노릇을 했어요. 결국 삼촌이 너무 무서웠던 단종은 수양대군에게 왕위를 넘기겠다고 말했어요."

그렇게 많은 사람들을 가차 없이 죽이는 걸 보면서 단종은 얼마나 두려웠을까요? 말이 왕위를 넘겨주는 거지 사실상 뺏기는 것과 다

름없는 셈이었잖아요. 한탐 선생님은 그렇게 왕이 된 수양대군이 바로 세조라고 하셨어요.

"왕위에 오른 세조는 자신을 도왔던 한명회, 권람, 신숙주 같은 신하에게 공신의 칭호를 내리며 많은 재산과 높은 벼슬을 주었어요. 그들의 뜻대로 모든 것이 잘 되어가는 듯했지요."

단종은 아무 힘도 없는 상왕으로 물러났고, 이제 모든 권력은 세조의 손에 넘어갔어요. 단종의 앞날은 어떻게 되는 걸까요?

단종의 복위를 꾀하다

하지만 모든 신하들이 세조가 왕이 된 걸 찬성하지는 않았대요. 나이가 어리기는 하지만 단종이 왕위를 이어가는 것이 맞다고 본 신하들이 있었던 거죠. 특히 세종대왕의 신임을 받던 집현전 학자들의 생각이 더욱 그랬다고 해요.

"모든 것이 세조의 뜻대로 되는 듯 보였어요. 하지만 한편에서는 그런 세조에 저항해 단종을 다시 왕위에 복위시키려는 움직임이 있었지요. 바로 우리 앞에 묻혀 계신 성삼문, 박팽년, 하위지, 유성원, 이개, 유응부 등 집현전 관리들과 무인이었어요. 이들은 명나라 사신이 왔을 때 세조를 제거하려고 했어요. 성삼문의 아버지와 유응부가 큰 칼을 차고 임금을 호위할 수 있도록 배치되었거든요. 하지만 이들을 의심한 한명회의 방해로 계획이 수포로 돌아갔어요. 일이 틀어진 사이, 같이 참여했던 김질은 불안함에 동지들을 배신하고 세조를 찾아가 그동안의 일을 낱낱이 알렸어요. 결국 이들은 모두 붙잡혀 목숨을 잃었어요."

우리는 김질의 이야기를 듣고 깜짝 놀랐어요. 자기 살자고 배신을

하다니, 너무 해요. 선생님은 목숨을 걸고 뜻을 지키는 게 쉬운 일이 아니라고 하셨어요. 그래서 사육신이 더 대단한 거라고 하셨죠.

"세조는 엄청나게 화를 냈어요. 그래서 이들을 붙잡아 모질게 고문했어요. 하지만 성삼문과 박팽년 등은 심한 고문에도 뜻을 굽히지 않고 세조를 '전하'가 아닌 '나으리'라고 부르며 세조의 잘못을 꾸짖었대요. 특히 세조는 자기가 왕이 된 이후에도 관직에 있던 성삼문에게 엄청난 배신감을 느꼈어요. 자기가 준 녹*을 받은 것은 자기를 왕으로 인정한 것이 아니냐며 다그쳤지요. 그러자 성삼문은 세조를 한번도 왕으로 인정한 적이 없다며, 그동안 받은 녹은 한 톨도 먹지

● 녹
요즘으로 하면 공무원 월급이에요. 쌀과 같은 곡식으로 받았어요.

않고 모두 창고에 보관되어 있다고 했어요. 세조는 사람을 보내 확인하게 했고, 성삼문 집 창고에 쌓인 쌀들을 보고 더 분노했어요."

자신의 신하라고 여긴 사람들조차, 왕이 되는 걸 반대하자 세조는 이들을 잔인하게 고문하고 죽였대요. 잡혀가지 않았던 유성원은 스스로 목숨을 끊었고요. 단종도 이런 일이 일어나도록 부추겼다는 누명을 쓰고 노산군으로 지위가 낮춰져 버렸고, 결국 궁궐에서 쫓겨나 강원도 영월 청령포로 유배를 가게 되었대요. 한탐 선생님은 이번에는 단종을 만나러 가 보자고 하셨어요. 우리는 사육신을 위해 묵념을 하고, 주차장으로 향했어요. 한탐 선생님께서는 길안내기에 '영월 청령포'라고 입력하셨어요.

# 청령포로 유배온 단종

　우리가 탄 자동차는 한참을 달려 청령포에 도착했어요. 강으로 둘러싸여 섬처럼 보이는 곳이었어요. 하지만 뒤로 산들이 병풍처럼 둘러져 있었어요. 어디인지 모르고 왔다면 멋있다고 했겠지만, 이곳이 단종의 유배지라 생각하니 쓸쓸한 기운이 느껴졌어요. 한탐 선생님

은 청령포로 들어가려면 아래 준비된 배를 타고 들어가야 한다고 하셨어요. 배를 타지 않고서는 들어갈 수 없는 곳, 그곳이 단종의 유배지래요.

배를 타고 우리는 강을 건넜어요. 소나무 숲이 우거진 길을 따라가니 작은 기와집 한 채가 나왔어요. 선생님은 그곳에 단종이 머물렀다고 하셨어요.

"단종은 절벽과 강으로 막힌 이곳에서 외롭게 지냈어요. 왕비와 신하들이 너무 그리우면 한양 쪽을 향하는 절벽에 올라 멀리 바라보곤 했지요. 커다란 소나무 사이에 걸터앉아 눈물을 흘리기도 했대요. 단종은 이곳에서 머물다 홍수로 강이 불어나자 영월 읍내에 있는 관풍헌으로 거처를 옮겼어요. 그리고 그곳에서 단종은 목숨을 잃었답니다."

• 단종어소
단종이 머무르던 집이에요.

• 관음송
600년이 넘은 나무예요. 단종의 모습을 지켜본 나무이지요.

기와집 마당을 서성거리며 먼 하늘을 올려다보았을 단종을 생각하니, 마음이 아팠어요.

"단종의 또 다른 삼촌인 금성대군은 세조에 맞서 단종을 지키려다 순흥으로 유배를 갔어요. 그곳에서 다시 단종을 왕위에 세우려는 계획을 세웠지요. 하지만 이 일을 알게 된 하인이 관청에 고발하면서 결국 들통이 나버렸어요. 신하들은 단종과 금성대군을 살려두면 이런 일이 또 일어날 거라며 둘을 없애야 한다고 했어요. 결국 세조는 금성대군과 단종을 죽이게 돼요. 단종의 나이 열일곱 살 때의 일이었어요."

우리는 할 말을 잃었어요. 이제 겨우 열일곱 살인데. 삼촌에게 왕위를 빼앗긴 것도 모자라 그렇게 죽게 되다니 너무 마음이 아팠어요. 선생님은 단종의 무덤에 가서 그를 위로해주자고 했어요.

• 노산대

단종이 올라 한양을 바라보며 그리워하는 사람을 떠올렸다는 곳이에요.

어린 임금의 슬픔

# 한 많은 단종의 무덤, 장릉

청령포를 나온 우리는 단종의 무덤인 장릉을 찾아가기로 했어요. 장릉은 청령포에서 멀지 않은 곳에 있었어요. 단종의 무덤은 언덕 위 높은 곳에 있었어요. 선생님은 언덕을 오르며 말씀하셨어요.

"원래 조선의 왕릉은 도성 사대문 밖 100리 안에 만드는 게 원칙이었어요. 가까운 거리에 있어야 자주 참배하거나 관리도 할 수 있으니깐 말이에요. 무엇보다 나라에 일이 생기면, 왕이 하루 만에 궁궐로 돌아와야 해서 100리라는 기준을 정한 거예요. 그런데 단종은 유배 온 죄인이었기 때문에 그 원칙과 상관없이 이곳에 묻혔어요."

맞아요. 신덕왕후의 정릉은 서울 안에 있었어요. 세종대왕이 잠들어 계신 곳도 경기도 여주였어요.

"단종이 죽었을 때의 이야기는 확실하게 전하지 않아요. 세조가 내린 사약을 먹고 죽었다는 이야기도 있고, 이미 도착했을 때 자결한 뒤였다는 이야기도 있고, 하인이 활로 목을 졸라 죽였다는 이야기도 있어요. 어쨌든 그렇게 죽은 단종의 시신은 아무도 거둘 엄두를 내지 못했대요. 자칫했다가는 세조에게 큰 화를 입을 수도 있었

으니까요. 열흘이나 방치되어 있다가 엄홍도라는 영월 사람이 목숨을 걸고 단종의 시신을 수습해왔어요. 겨울이라 땅이 얼어 묻을 곳이 마땅치 않았는데, 마침 노루 한 마리가 앉았다 일어난 자리가 온기 덕분에 땅을 팔 만했대요. 그 자리가 지금 여기인 거예요."

• 장릉
강원도 영월에 있는 단종의 무덤이에요. 돌아가신지 220여 년이 지나서야, 왕릉으로 승격되었어요.

엄홍도의 용기 덕분에 그래도 단종의 무덤이 만들어진 거군요. 우리는 단종의 무덤 앞에 섰어요. 다른 조선의 왕릉과 달리 왠지 좀 쓸쓸해 보여요.

"단종은 오랜 세월 동안 노산군으로 불리며 무덤도 제대로 관리되지 못했어요. 중종의 명령으로 무덤을 찾을 때까지도 단종 무덤이 어디에 있는지 세상 사람들이 잘 몰랐대요. 숙종 때 가서 다시 왕으로 복권*되자 그제야 왕릉의 격식을 갖추게 되었고 종묘에도 위패가 모셔지게 되었지요."

시간이 지난 뒤라도 제대로 자리 잡아서 다행이에요. 역사를 공부하다 보면 기쁘고 뿌듯한 일도 많이 겪지만 오늘처럼 슬픈 일도 알게 되어서 마음이 복잡해요.

● 복권
왕의 권리를 되찾음

세조에서 성종까지

"이후 세조는 왕의 힘을 강하게 하는 일들을 해요. 우선 사육신 사건을 일으켰던 집현전을 없애버렸어요. 그리고 모든 나랏일을 왕에게 직접 보고하게 했죠. 세조는 강력한 왕권을 통해 나라를 안정시키고자 했어요. 덕분에 북쪽 지방에서 일어난 반란들도 잘 토벌했고, 나라의 국방이 튼튼해지기도 했어요. 하지만 영원히 권력을 누릴 것만 같은 세조도 결국 나이가 들어 죽게 돼요. 세조는 죽기 전까지 고약한 피부병에 시달렸다고 하는데, 어떤 사람들은 세조의 꿈에 단종의 어머니가 나타나 침을 뱉은 이후 피부병이 심해졌다고 얘기하기도 해요."

형제들을 죽이고, 단종을 내쫓은 세조의 죄책감 때문에 생긴 이야기는 아닐까요?

"세조의 뒤를 이은 건 둘째 아들 예종이었어요. 세조의 큰아들이었던 의경세자는 스무 살에 갑작스럽게 죽었거든요. 그래서 둘째 아들인 예종이 왕이 되었던 거예요. 하지만 예종의 건강도 좋지 못해 왕이 된 지 겨우 13개월 만에 세상을 떠나고 말아요."

세조 ─┬─ 정희황후
　　　│
　┌───┴───┐
의경세자　　예종
　│
　성종

형제들과 조카까지 죽이고 힘들게 왕이 되었건만 세조의 아들들은 모두 일찍 세상을 떠났네요. 세조가 죽은 지 얼마 되지 않았는데, 새로운 왕이 또 금방 돌아가시다니 조선에 위기가 닥친 걸까요?

"예종이 돌아가셨을 때 예종의 아들은 겨우 네 살이었어요. 어린 나이에 왕이 되면 어떤 일이 생기는지 너무나 잘 알고 있던 정희왕후(세조의 왕비)는 고심 끝에 큰아들 의경세자의 둘째 아들인 자산군을 왕위에 올렸어요. 원래 새 왕의 즉위식은 선왕의 장례가 어느 정도 마무리된 시점에서 치러지게 되는데 비상상황이라 판단한 정희왕후는 예종이 죽은 바로 다음 날 성종을 왕위에 올려버렸지요. 조선 왕조 사상 가장 빠른 시간 안에 치러진 즉위식이라고 해요. 성종의 나이 겨우 열세 살 때의 일이었어요."

열세 살이라면 단종보다 겨우 한 살 많을 뿐인데, 성종은 또 어떻게 왕의 자리를 지켜나갈까요? 우리는 또 슬그머니 걱정이 되었어요.

나라의 제도를 완성한 성종

한탐 선생님은 이제 서울로 돌아간다고 하셨어요. 성종에 대해서는 다음 시간에 탐방할거라고 하셨지만, 우리는 어린 성종이 걱정돼 선생님께 여쭤봤어요. 그런데 다행히도 단종 때와는 상황이 많이 달랐대요.

"성종에게는 어머니도 있었고, 예종의 왕비인 작은 어머니도 있었고, 할머니인 정희왕후도 있었어요. 또 성종의 장인어른은 세조 때부터 최고의 권세를 누렸던 한명회였지요. 그렇게 의지할만한 어른들이 주변에 많으니, 다른 누군가에게 왕의 자리를 빼앗기지 않고 잘 성장할 수 있었던 거예요. 성인이 될 때까지 7년 동안 대왕대비인 정희왕후의 수렴청정˙을 받으면서 성종은 왕의 자질을 익혔고, 스무 살부터는 직접 정치를 했어요."

다행이에요. 게다가 성종은 증조할아버지인 세종의 성향을 많이 닮은 왕이었어요. 공부하기 좋아하고, 신하들의 의견을 물어 나랏일을 풀어나갔대요. 그래서 기존에 권력을 갖고 있던 공신들보다는 지방에서 공부하던 학자들을 관리로 뽑았어요.

● 수렴청정
어린 왕이 즉위하면, 성인이 될 때까지 왕실의 가장 어른인 대비가 어린 왕을 도와 나랏일에 돌보는 걸 말해요.

성종의 지원으로 학문이 활발해지니 여러 책들이 만들어졌어요. 각 지역의 지리, 풍속 등을 정리한 《동국여지승람》이나 음악책인 《악학궤범》 등이 성종 때 편찬되었어요. 그러나 무엇보다 성종의 가장 큰 업적은 바로 나라의 법을 정리한 《경국대전》을 완성한 것이에요. 국방도 튼튼히 해 여진족과 왜구를 잘 관리했다고 해요. 나라는 안정되고 태평성대라 불리는 시대가 되었대요.

● 태평성대
어질고 착한 왕이 다스려, 나라가 안정되고, 평안한 시대를 이르는 말이에요.

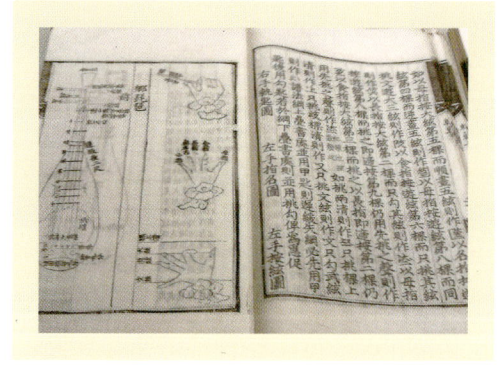

● 악학궤범
성종 때 만들어진 음악 이론책으로, 조선 음악에 대한 모든 것을 정리한 책이에요.

이제 조선은 안정을 찾았으니 평화롭게 발전할 일만 남은 건가요? 그런데 선생님의 표정은 그게 아닌 거 같아요. 또 무슨 일이 일어나나 봐요.

태조부터 성종까지 왕계보도 만들기

① 태조 (1392-1398)
조선 건국, 한양 천도

② 정종 (1398-1400)

③ 태종 (1400-1418)
왕권강화, 호패법 실시

④ 세종 (1418-1450)
한글 창제, 과학문화 발달

⑤ 문종 (1450-1452)
고려사 편찬

⑦ 세조 (1417-1468)
국방강화

⑥ 단종 (1452-1455)

덕종

⑧ 예종 (1468-1469)

⑨ 성종 (1469-1494)
경국대전 완성

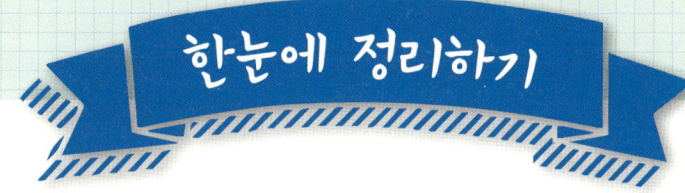

질문 하나,
단종을 지키려다 목숨을 잃은 신하들 중 대표적인 여섯 분을 가리키는 말이 있죠? 우리 이분들이 모셔진 곳에 다녀왔는데, 누가 이야기해 줄래요?

? ~~~~~~~~~~~~~~~~

질문 둘,
집현전 학자로 절친 사이였던 두 친구는 수양대군이 왕위에 오른 후 각자의 신념대로 제 갈 길을 가지요. 한 명은 사육신이 되고, 한 명은 도승지•가 되었는데, 아래의 내용을 읽고 각각 누구인지 이야기해 보세요.

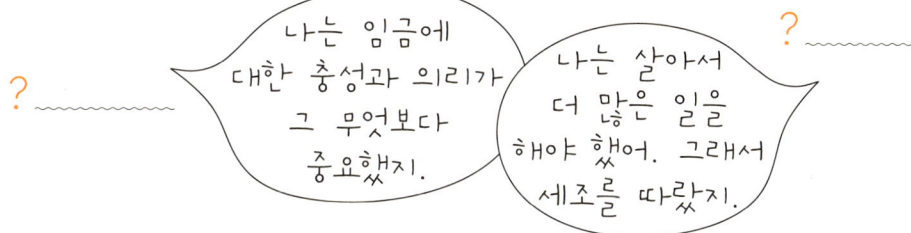

● 도승지 왕의 명령을 수행하던 승정원의 벼슬로, 오늘날로 하면 대통령 비서실장과 같아요.

질문 셋,
수양대군이 단종에게서 왕위를 빼앗기 위해 김종서와 안평대군 등 반대세력을 제거한 사건을 무엇이라고 하는지 아는 사람 있나요?

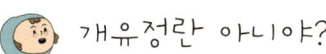
개유정란 아니야?

아닐 걸~ 닭유정난일 걸~

설마, 계유정난이지.

그냥 임진왜란 하자.

? ~~~~~~~~~~~~~~~~

● 정답은 238쪽에서 확인하세요!

단종의 이야기를 알 수 있는 시간여행을 떠난다면?

1. 충절을 지킨 신하들이 모여 있는 곳
● 사육신묘

단종을 위해 목숨을 바친 의리있는 분들이야.

서울 노량진에 있는 사육신묘는 단종을 위해 목숨을 바친 신하들의 이야기가 남아있는 곳이에요. 사육신묘에는 박팽년과 성삼문, 유응부, 이개의 묘와 하위지, 유성원의 가묘가 있어요. 그 옆에 무덤 하나가 더 있는데 그건 훗날 추가된 김문기의 가묘에요. 매년 10월 9일에는 이들을 기리기 위한 제사를 지낸다고 하니 찾아가보면 좋을 것 같아요.

> 영월은 단종의 흔적이 많은 곳이구나.

2. 단종의 슬픔이 배어있는 곳
• 청령포

강원도 영월 서강을 끼고 있는 청령포는 아름다운 풍광을 자랑하는 곳이에요. 단종의 유배지라는 사실을 모르고 간다면 그 아름다움에 먼저 감탄하게 되지요. 하지만 이곳은 한양에서 삼촌에게 왕의 자리를 빼앗기고 유배온 단종의 슬픔이 배어있는 곳이에요. 단종이 머물렀던 작은 기와집과 단종이 걸터앉아 슬픔을 삭였던 금강송, 멀리 한양을 바라보며 그리워했다던 노산대 등이 남아있어요.

3. 단종의 넋이 깃들어 있는 곳
• 장릉

장릉은 남한에 남아있는 조선 왕릉 중 유일하게 강원도에 있는 왕릉이에요. 보통 왕릉은 한양 주변 좋은 터를 골라 만드는데, 단종은 죄인의 몸으로 돌아가셔서 먼 강원도 땅 산 언덕에 묻혀 계시지요. 오랜 세월 왕릉으로 대우 받지 못하다가 숙종 때 왕으로 다시 복권되면서 이후 왕릉으로 새로 단장돼 지금의 모습을 갖추게 되었대요. 보통 다른 왕들에서 보이는 무인석이 보이지 않는데, 칼을 가진 신하들에게 왕위를 빼앗겨 그렇다고 하기도 해요.

> 단종 무덤 앞에는 단종의 왕비 무덤에서 가져다 심은 나무가 있대.

> 그렇게라도 두 분을 같이 있게 하고 싶었나봐.

30 서른 번째 여행
새로운 세력, 사림

선비들은 의리를 아주 중요하게 여겼어.

사림의 시대

※ 한국사 탐험을 떠나기 전 미리 생각해 올 것!

성종의 업적 중에 대표적인 것이 조선의 법전 〈경국대전〉 완성이에요. 경국대전에는 어떤 내용들이 있는지 한 번 찾아볼까요?

※ 준비물

올곧은 선비정신, 필기구, 수첩

의리하면, 나야 나! 내가 조선의 선비네.

연표

- 1469년 성종 즉위
- 1485년 경국대전 간행
- 1494년 연산군 즉위
- 1498년 무오사화
- 1504년 갑자사화
- 1506년 중종반정
- 1519년 기묘사화
- 1543년 최초의 서원 백운동 서원 (소수서원) 설립
- 1545년 을사사화

조선의 법전, 경국대전

"지난 시간 마지막에 성종에 대해서 얘기한 거 기억하죠? 오늘은 성종부터 명종까지 이야기를 할 거예요. 우선 성종을 만나러 성종의 왕릉에 가 볼까요?"

성종의 왕릉은 선릉이에요. 서울 지하철 2호선 선릉역이 바로 성종의 왕릉이 있는 곳이죠.

지하철에 내려 걸어가는 길에 보니 표지판에 선정릉이라고 되어 있어요. 선생님은 성종의 능인 선릉과 중종의 능인 정릉을 합쳐 그렇게 부르는 거라고 하셨어요.

선정릉에 들어가 보니 나무가 굉장히 많았어요. 강남 한복판에 이런 숲이 있다는 게 너무 신기했어요. 우리는 벤치에 앉아 경치를 구경하며 선생님의 설명을 들었어요.

"성종은 13살에 왕이 되었기 때문에 할머니인 정희왕후가 뒤에서 정치를 도와줬어요. 그러다 스무 살부터는 직접 정치를 하게 되었죠. 어린 나이에 왕위에 올랐지만 성종은 자신이 해야 할 일이 무엇인지 잘 알고 있었어요. 그건 바로 할아버지인 세조가 완성하지 못

한 조선의 법전을 완성시키는 것이었답니다. 성종은 조선의 법전을 완성하는 것이 나라를 발전시키고 왕의 힘을 크게 하는 것이란 것을 잘 알고 있었어요. 고려의 법전, 중국의 법전, 조선의 여러 학자들이 쓴 법전을 연구하고 다시 만들기를 여러 번 반복한 끝에 1485년 드디어 조선을 대표하는 법전인 경국대전을 완성했어요."

• 경국대전

경국대전은 세조 때 만들기 시작해서 성종 때 완성된 조선의 법전이에요.

경국대전에 대해서는 우리도 미리 조사해서 좀 알고 있어요.

경국대전의 완성은 조선의 완성이었어요.

새로운 세력, 사림

세종대왕께서 한글을 만드느라 손대지 못했던 법전이 증손자인 성종 대에 와서 완성되었으니 조선의 기틀을 완성한 임금이라는 뜻을 가진 성종이 되었어요.

"성종은 하고 싶은 일이 많았어요. 자신과 함께 일을 할 깨끗하고 능력 있는 신하가 필요했지요. 그래서 성종은 조선 건국을 반대하며 떠났던 선비들의 제자들을 궁궐로 불러들였어요. 스승은 조선 건국을 반대했지만 제자들은 학문연구에 정성을 쏟으며 백성들을 위한 정치를 펼치는 날이 오기만을 바라고 있었던 거예요. 이들을 사림이라고 해요. 사림의 대표였던 대학자 김종직은 강직한 성품이었는데 욕심 많은 다른 관리들의 미움을 받고 있었답니다. 성종은 바로 이런 청렴하고 학문이 높은 선비들을 자신의 주위로 불렀어요."

우리는 흥미진진한 선생님의 이야기를 귀 기울여 들었어요.

백년 만에 돌아온 선비들, 사림

우리는 사림에 대해 다시 설명해 달라고 부탁드렸어요.

"그래요. 조선의 역사에서 사림은 아주 중요하니까 사림이 무엇이고 어떻게 역사에 등장했는지 다시 한번 살펴보아요. 고려 말 신진사대부가 등장한 것은 고려시대 탐방 때 배워서 잘 알고 있죠?"

맞아요. 정도전이 이성계와 손을 잡고 조선을 세웠잖아요. 정몽주는 반대하다가 죽임을 당했고요.

우리도 이제 이 정도는 금방 기억할 정도로 똑똑하다고요.

"역시, 잘 기억하고 있네요. 정몽주를 따랐던 온건파 신진사대부들은 조선이 건국되자 모든 것을 버리고 고향으로 내려갔어요. 그리고 다시 고려가 힘을 되찾을 것을 기다리며 열심히 학문을 갈고닦았지요. 이들을 사림이라고 해요. 하지만 태종, 세종, 세조를 거치며 조선이 강하고 살기 좋은 나라가 되어가자 사림은 더 이상 고려를 고집할 수 없었어요. 과거 시험을 통해 관직에 나아가 백성을 위한 정치를 하는 것이 옳은 길이라 마음을 바꾼 것이에요. 하지만 조선을 건국하고 높은 지위를 차지한 훈구세력들은 사림에게 권력을 나누어 줄 마음이 없었어요. 사림은 더 큰 일을 하고 싶어도 기회가 주어지지 않았던 거예요. 바로 이들에게 높은 벼슬을 내려 백성을 위한 정치를 하려 했던 왕이 바로 성종이었어요.

학문을 좋아했던 성종은 힘으로 하는 정치 말고, 세종대왕처럼 온화한 유교 정치를 하려고 했어요. 그래서 학문과 도덕을 중요하게 여기는 사림들을 관리로 뽑았어요."

성종은 사림들에게 임금과 신하가 잘못한 것을 비판하는 일을 주로 맡겼다고 해요. 그러니 원래 권력을 가지고 있던 훈구세력과 새롭게 등장한 사림세력은 서로 맞설 수밖에 없었던 거지요. 그런 과정에서 성종이 죽고 연산군이 새 왕으로 즉위했대요.

"성종의 첫 부인은 한명회의 딸 공혜왕후였어요. 하지만 공혜왕후가 자식도 없이 열아홉에 죽고 말았지요. 성종은 후궁 가운데 가장 아꼈던 윤씨를 중전으로 삼았어요. 왕비 윤씨는 왕자를 낳았지만 질투가 심해 성종의 미움을 샀어요. 어느 날 왕비는 성종과 싸우다가 그만 성종의 얼굴에 손톱자국을 냈어요. 화가 난 성종의 어머니 인수대비는 성종에게 왕비를 쫓아내라고 했어요. 게다가 성종은 왕비를 궁궐 밖으로 내쫓고 사약을 내렸어요. 그리고 세자에게는 이 일을 절대 비밀로 하라고 명했답니다. 하지만 세상에 영원한 비밀은 없는 법, 이 일은 훗날 왕실의 피바람으로 돌아와요. 그 세자가 바로 연산군이거든요."

연산군 기억나요. 조선시대 처음 배울 때 다른 왕들은 다 조나 종으로 끝나는데 연산군, 광해군 두 명만 군으로 끝나서 이상하다고 생각했었어요. 그때 선생님이 둘은 쫓겨난 임금이기 때문에 왕자 시절의 이름을 부른다고 하셨어요.

연산군, 폭군이 되다

한탐 선생님은 서울 북쪽 끝에 있는 연산군 묘에 가보자고 하셨어요. 왕의 자리에서 쫓겨났기 때문에 연산군의 무덤은 왕릉으로 부르지 않고 연산군 묘로 부른대요. 도착해 보니 무덤 크기도 왕릉보다 훨씬 작고 주변도 왕릉에 비해 잘 정리되어 있지 않아요.

"연산군은 조선의 열 번째 임금이었어요. 연산군은 어린 시절 돌아가신 엄마 폐비 윤씨를 늘 그리워했어요. 하지만 엄마에 대해 알고 싶어 해도 이상하게 아무도 폐비 윤씨에 대해 알려주지 않는 거예요. 뭔가를 눈치챈 연산군이 폐비 윤씨 사건을 조사했던 것 같아요. 신하들은 폐비 윤씨가 쫓겨 날 때 모두 찬성했었기에 이 사실을 숨기고 싶었을 거

• 연산군묘
조선의 열 번째 임금이었던 연산군의 무덤이에요. 쫓겨난 왕이라 능이 아닌 묘로 불리고, 무덤도 왕릉처럼 화려하지 않아요.

예요. 인수대비도 연산군에게 더는 폐비 윤씨에 대해 알리고 하지 말라 말씀하셨대요. 사실 연산군은 어머니 폐비 윤씨가 사약을 받고 죽었다는 것을 이미 알고 있었어요. 다만 어머니의 잘못도 있었기에 기회를 보고 있었던 것 같아요."

강한 왕이 되고 싶어 했던 연산군의 첫 번째 공격 목표는 바로 사림이었어요.

"연산군은 아버지 성종이 불러들인 사림들이 마음에 들지 않았어요. 왜 그랬을까요? 사림은 왕이 강한 힘으로 정치하는 것은 옳지 못하다고 주장했기 때문이에요. 정치는 신하들이 하는 것이고 왕은 큰 덕과 행실로 백성들에게 모범을 보이면 된다고 여겼어요. 성종이 왕위에 있는 동안 사림은 세력이 무척 커졌어요. 높은 관직에 이르지는 못했지만 관리의 잘못을 찾아내는 사헌부, 왕에게 충고하는 사간원, 옛날 집현전과 같은 일을 하던 홍문관 같은 중요한 곳에 자리를 잡았지요. 사헌부, 사간원, 홍문관을 삼사라고 불렀는데 삼사는 상소를 올려 왕의 잘못을 꾸짖어도 괜찮다고 법으로 정했대요."

왕의 잘못을 꾸짖을 수 있는 신하들이라니, 삼사는 용기 있는 사람들이 모인 곳인가 봐요. 연산군은 바른말을 하는 사림과 삼사를 무척 싫어했을 거 같아요.

"연산군은 어떻게든 삼사의 힘을 꺾어야겠다고 생각했어요. 기회는 생각보다 빨리 왔죠.

《성종실록》을 만들기 위해 모인 어느 날, 훈구세력 중 한 명이 사림의 대표였던 김종직이 옛날에 쓴 '조의제문'이라는 글을 발견했어요. 그 글은 은근한 비유로 단종을 몰아낸 세조를 비판하고 있었어요. 세조의 증손자였던 연산군은 이걸로 자기를 귀찮게 하는 사람들을 제거하기로 마음먹었어요. 이미 죽은 김종직의 시신은 꺼내어 다시 베고, 그의 제자들은 죽이거나 귀양을 보냈어요. 죽거나 쫓겨난 사람이 50명이 넘었어요. 이 일을 무오사화라고 해요."

연산군은 여기에 만족하지 않았대요. 이번에는 좀 더 힘이 센 대신들을 꺾어야겠다고 생각했대요. 그때 연산군의 머릿속에 어머니 폐비 윤씨의 일이 떠올랐나 봐요. 어머니에게 효도할 수 없게 만든 신하들을 용서하지 않겠다며 무려 239명의 신하들에게 벌을 내렸대요. 이 중 절반이 넘는 122명이 사형을 당했으니 얼마나 무섭고 끔찍했는지 상상하기 힘들 정도예요.

중종반정이 일어나다

연산군이 이렇게 나오면 신하들은 왕을 비판할 수 없지 않을까요? 그리고 연산군의 눈치를 보아야 할 것 같아요.

"맞아요. 그래서 연산군은 자기 마음대로 나랏일을 했어요. 궁궐에서 연일 전국에서 뽑힌 수천 명의 기생과 화려한 연회를 베풀었어요. 그들을 먹이고 입히고 꾸미느라 드는 돈도 엄청났답니다. 백성들은 그 비용을 대느라 무거운 세금에 시달렸어요. 그때 뽑혀온 기생들을 흥청이라고 불렀는데, 이들 때문에 나라가 망하겠다고 '흥청망청'이라는 말이 생겨났대요. 또 사냥터를 만든다며 도성 주변의 백성들 집을 허물고, 사냥할 때 백성들을 몰이꾼으로 쓰기도 했어요. 보다 못한 백성들이 한글로 왕을 꾸짖는 글을 쓰자, 이번에는 한글책을 모조리 불태우고 한글을 쓰지 못하게 하기도 했대요. 원망의 소리가 점점 높아가고 신하들의 불만이 커졌지만 연산군은 신경 쓰지 않았어요."

게다가 아버지인 성종의 후궁들도 어머니를 모함*했다며 죽이고, 할머니였던 인수대비한테도 어머니의 일을 따지며 머리로 들이받아

● 모함
나쁜 꾀나 말로 남을 어려운 처지에 빠지게 하는 걸 말해요.

새로운 세력, 사림 **161**

결국 그 충격으로 돌아가시게 했다고 해요. 연산군이 이런 잘못을 저지르고 있을 때도 주변에 말리는 사람은 아무도 없었을까요? 이런 왕을 모셔야 한다니, 신하들과 백성들은 얼마나 속이 탔을까요?

"결국 참다못한 신하들이 연산군을 몰아내기로 해요. 나라꼴도 엉망이고 이대로 있다가는 언제 연산군에게 죽임을 당할지 모른다는 생각도 들었을 거예요. 그들은 군사를 모아 궁궐로 쳐들어가 연산군을 끌어냈어요. 그리고 연산군 대신 연산군의 이복동생 진성대군을 왕으로 세웠어요. 그가 바로 중종이고, 이 일을 중종반정이라고 불러요."

우리는 와~하고 소리를 질렀어요. 당시 백성들의 마음도 우리와

같지 않았을까요? 드디어 못된 왕이 물러났다고 하니 말이에요.

왕의 자리에서 쫓겨난 연산군은 강화도로 유배를 갔대요. 그곳에서 가시 울타리가 둘러쳐진 집에 갇혀 지내다 얼마 후 병을 얻어 결국 죽게 되었대요. 연산군이 아프다는 이야기를 듣고 중종은 의원을 보내지만 이미 늦었대요. 연산군을 지키는 신하가 제때 보고하지 않아 병이 너무 악화되었던 것이에요. 당시 연산군에 대한 백성들의 미움이 어느 정도였는지 짐작할 수 있었어요.

결국 잘못된 역사는 바로 잡혔어요. 새로 왕이 된 중종은 형인 연산군과 다른 정치를 했겠죠? 중종 시대가 궁금해졌어요.

대쪽 같은 선비, 조광조의 개혁

중종이 왕이 된 뒤에 나라는 안정되었을까요? 한탐 선생님은 중종시대로 가보자고 하셨어요. 자동차에 탄 후 길안내기에 '심곡서원'이라고 입력하셨어요. 얼마 후 차는 아파트 숲 사이에 위치한 기와집에 도착했어요.

"서원은 뛰어난 유학자를 모시고 제사를 지내며, 학생들을 교육하는 일종의 사립학교예요. 여기 심곡서원은 조광조를 모시는 서원이지요. 조광조는 중종 때 등용된 사림이었어요. 연산군을 몰아내고 왕이 된 중종은 연산군이 없앴던 경연*을 다시 열고 성균관도 다시 만들어 정치를 바로 잡으려 했어요. 하지만 중종은 신하들에 의해 왕이 되

* **경연**
왕과 신하가 토론을 하며 나랏일을 의논하는 일을 말해요.

• 심곡서원
조광조의 학문과 덕을 추모하기 위해 세워진 서원이에요. 조선 말 흥선대원의 서원 철폐에도 유지되어, 유학자들에게 제사를 드리고 지방 교육을 담당하였어요.

었기 때문에 처음엔 왕권이 그리 강하지 못했죠. 그러다 중종반정을 일으킨 우두머리였던 박원종이 죽자, 젊은 인재들을 등용했어요. 그 중 대표적인 인물이 조광조였어요. 조광조는 선비들의 기대와 존경을 한 몸에 받는 사람이었어요. 스스로 몸가짐을 바르게 하고 청렴하면서도 학문이 매우 높은 인물이었답니다."

심곡서원은 몇 개의 건물로 이루어져 있었어요. 한탐 선생님은 서원 이곳저곳을 보여주시며 학생들이 공부하던 곳과 조광조에게 제사 지내는 곳을 알려주셨어요.

"중종은 조광조를 사헌부의 우두머리인 대사헌에 임명했어요. 사헌부는 관리들이 잘못한 것을 찾아내는 기관이거든요. 조광조는 중종의 뜻을 받들어 훈구세력들의 부정부패를 모조리 잡아냈어요. 그리고는 나라 안에 훌륭한 선비들을 찾아 과거시험을 보지 않고 나라

새로운 세력, 사림

에서 일할 수 있도록 했어요. 요즘으로 치자면 특별채용에 해당하겠죠? 그때는 현량과라 불렀답니다. 중종의 신임이 높아지자 조광조는 공신들의 정리도 권했어요. 중종이 왕이 될 때 공신으로 임명된 사람이 너무 많다면서 말이에요. 공신들은 크게 반발했지만 결국 조광조의 뜻대로 많은 공신들이 명단에서 삭제됐어요."

중종은 조광조가 정말 마음에 들었나 봐요. 그런데 그렇게 왕의 신임이 높으면 질투하는 사람들도 많이 생길 텐데 괜찮았을까요?

"이에 불만을 품은 훈구세력은 조광조를 몰아낼 계획을 꾸몄어요. 나뭇잎에 꿀로 글자를 쓴 후 벌레가 갉아먹게 한 뒤 그 나뭇잎을 중종에게 보였어요. 나뭇잎엔 주초위왕走肖爲王이라는 글자가 새겨져 있었어요. 주走자와 초肖자를 합하면 조趙가 되거든요. 조씨가 왕

이 되려 한다, 즉 조광조가 왕이 되려 한다는 소문을 낸 거예요."

설마 중종이 그걸 믿었을까요? 사실 그때는 중종도 고집 센 조광조가 슬슬 부담스러워지기 시작할 때였대요. 결국 중종은 조광조와 그를 따르는 사림들을 잡아들였어요. 성균관 선비들은 조광조의 무죄를 주장하며 강하게 항의했고요. 조광조의 영향력이 너무 커졌다고 생각한 중종은 결국 사림들을 죽이고 조광조를 귀양 보낸 뒤 사약을 내렸어요. 선생님은 이 일을 기묘년에 일어난 일이라, '기묘사화'라고 부른다고 하셨어요.

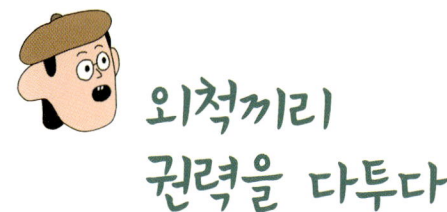

외척끼리 권력을 다투다

심곡서원을 둘러본 후 선생님은 마지막 사화가 일어났던 시기로 가보자고 하셨어요. 선비들이 그렇게 많이 죽었는데, 사화가 또 일어났어요?

선생님은 고개를 끄덕이며 길안내기에 '태강릉'이라고 입력하셨어요. 차를 타고 한참 가자 태릉선수촌 표지판이 보였어요. 선생님은 태릉선수촌의 그 태릉이 우리가 갈 곳이라고 하셨어요.

"중종에게는 3명의 왕비가 있었어요. 중종이 왕이 되기 전에 결혼했던 첫 번째 왕비 단경왕후는 연산군의 조카라는 이유로 신하들이 왕비로 인정하지 않았어요. 중종은 단경왕후를 사랑했지만 신하들 때문에 헤어질 수밖에 없었죠. 그리고 두 번째 왕비 장경왕후는 세자인 인종을 낳고 일주일도 되지 않아 돌아가셨어요. 장경왕후가 죽자 첫 부인이었던 단경왕후를 다시 복위시키려고 했지만, 신하들의 반대에 밀려 새 왕비를 맞이하게 되었어요. 그가 바로 명종의 어머니 문정왕후에요."

왕릉을 향해 걸으며 선생님은 이곳이 문정왕후와 아들 명종의 능

- 정릉
중종의 능이에요. 세 명의 왕비와 떨어져 홀로 묻혀있지요.

- 온릉
단경왕후의 능이에요. 아버지 신수근이 연산군의 처남이라는 이유로 신하들이 왕비로 인정할 수 없다고 해 중종이랑 헤어졌어요.

- 희릉
인종을 낳은 장경왕후의 능이에요. 장경왕후는 인종을 낳고 6일 만에 돌아가셨대요.

- 태릉
명종을 낳은 문정왕후의 능이에요. 문정왕후는 남편과 묻히고 싶었지만 아들 곁에 묻혀있어요.

이라고 말씀하셨어요. 태릉은 문정왕후, 강릉은 명종의 능이래요.

"문정왕후가 왕비가 되었을 때는 이미 세자도 정해져 있는 상태였고, 힘 있는 친정을 등에 업은 후궁들도 있어 궁궐에서의 힘이 그다지 강하지 못했어요. 그러다 딸만 내리 넷을 낳았던 문정왕후가 경원대군을 낳자 궁궐 안은 긴장감이 감돌았죠. 이미 세자가 있는데, 현재 중전의 새 아들이라니, 충분히 경쟁이 되는 구조였어요. 결국 세자의 외삼촌인 윤임 세력과 경원대군의 외삼촌 윤원형 세력 간에 경쟁이 벌어졌어요. 그런 와중에 중종이 돌아가시고 세자가 왕위에 올랐어요. 그가 바로 12대 왕 인종이에요. 인종은 조광조와 사림의 명예를 회복시켜 주었고, 백성들에게 성군 소리를 들었대요. 하지만 몸이 약했던 인종은 왕이 된 지 9개월 만에 세상을 떠났고, 뒤를 이어 동생이었던 경원대군이 왕위에 올랐어요. 그가 13대 왕 명종이랍니다."

인종이 오래 살았다면 문정왕후의 아들은 왕이 되기 어려웠을 텐데, 결국 문정왕후는 뜻대로 자기 아들을 왕으로 만들었네요.

"명종이 왕이 되었을 때는 고작 12살이었기 때문에 자연스레 대비마마였던 문정왕후가 수렴청정을 하게 되었어요. 권력을 손에 쥔 문정왕후는 인종의 외삼촌인 윤임을 유배 보낸 뒤 사약을 내리고, 그와 관련된 사람들을 몰아내거나 죽였지요. 왕실 외척(외가쪽 친척) 간에 벌어진 싸움으로 많은 선비들이 화를 입은 이 일을 '을사사화'라고 불러요."

권력을 잡으면 반대편을 몰아내고, 또 다른 세력이 권력을 잡으면 또 다른 반대편을 몰아내고… 그 권력 다툼에 때로는 왕도 끼어들어 신하들과 힘겨루기를 하면서 벌어진 일이 사화인 것 같아요.

화를 입는 선비들, 사화

　훈구파와 사림파들 간에 싸움은 계속되었대요. 아무래도 사림파는 힘이 센 훈구파에게 죽거나 쫓겨 갈 수밖에 없었지만 나라 안의 선비들은 대부분 사림파 선비들을 지지했대요.

　조선은 유교를 공부한 선비들의 나라잖아요. 그래서 학문이 높고 의리가 있는 사림파가 끝내는 훈구파를 이겼대요.

　하지만 그러기까지 많은 선비들이 화를 입었잖아요. 연산군 때도 두 번에 걸쳐 선비들이 화를 입었지만 중종과 이어 명종 때도 한 차례씩 사림들이 큰 피해를 보았구요. 이것을 역사에서는 '사대사화'라고 한대요.

무오사화 – 세조를 비난한 김종직의 〈조의제문〉으로 인해 많은 선비들이 목숨을 잃었어요.

갑자사화 – 연산군이 폐비 윤씨 사건을 이용해 그와 관련된 수많은 신하들을 죽였어요.

기묘사화 – 주초위왕 사건으로 조광조와 그를 따르던 사람들이 목숨을 잃거나 귀양을 갔어요.

을사사화 – 명종이 왕이 되자 그동안 경쟁자였던 인종의 외척들을 제거한 사건이에요.

그러나 한탐 선생님은 네 번의 사화는 오히려 사림의 힘을 더 키워주는 꼴이 되었다고 말씀하셨어요.

"선생님~ 역사는 신기해요. 분명 졌는데 시간이 지나고 보면 이기는 경우들이 생기니까요."

"아주 좋은 말인 걸요~ 사림파도 아마 자신들의 뜻이 받아들여지는 날이 올 거라 믿었을 거예요."

우리는 나라를 위해 목숨 바치는 사람들이 전쟁 때만 있을 거라고 생각했는데 사화 이야기를 듣고 나니 옳은 정치를 위해 목숨을 바치는 선비들도 대단하다는 생각이 들었어요.

그래서 그럴까요? 조선시대 양반들은 선비라는 말을 듣길 더 좋아했대요. 이제 다음 탐방은 조선을 빛낸 훌륭한 선비를 만나는 일이에요. 선비의 나라 조선! 멋진 것 같아요.

박물관에 도착한 한탐 선생님은 《경국대전》을 정리한 후 우리에게 맞는 경국대전을 새롭게 만들어 보라고 하셨어요. 그리고 나면 집에 가도 좋다고요.

新경국대전 만들어보기

〈경국대전〉
- 세금을 가로챈 관리는 재산을 몰수한다
- 여자 관노비가 임신한 경우에는 90일의 휴가를 준다
- 곤장은 한번에 30대를 넘기지 않는다
- 남자는 15세, 여자는 14세가 되야 결혼할 수 있다
- 땅과 집을 사거나 팔면 100일 안에 관청에 보고해야 한다
- 집이 가난해 늦도록 혼인을 못하면 나라에서 혼인 비용을 지원한다.

"아이들은 14세가 되기 전까지는 열심히 놀게 한다."

"국민을 뜻을 무시하는 공무원은 반성문 100장을 쓰고 쫓아낸다."

"아기가 태어나면 부모 모두에게 1년 동안 출산 휴가를 준다."

"돈이 없어 결혼을 못 하는 사람들은 국가에서 결혼비용을 지원해 준다."

한눈에 정리하기

 **질문 하나,**
친구들이 어떤 왕을 얘기하고 있는 걸까요? 보기에서 찾아볼까요?

• 보기 : 세조, 예종, 성종, 연산군, 중종, 인종, 명종

 ( ) 《경국대전》을 만들어 조선의 기틀을 완성함
 ( ) 많은 선비들을 죽게 하는 사화를 벌임
 ( ) 반정으로 왕이 된 후 조광조를 등용하여 개혁정치를 펼침
 ( ) 조광조와 사림들의 명예를 회복시켜줌

 질문 둘,
성종 때 만들어진 경국대전에 대한 설명인데, 바르지 않게 설명한 친구가 있어요. 누굴까요?

 세조 때 시작해서 성종 때 완성되었어요.
 조선 최고의 법전이에요
 백성의 일상생활에 큰 영향을 주었어요.
 죄인을 처벌하는 규정만 담겨 있어요.

 **질문 셋,**
비어있는 칸들이 있어요. 알맞은 말을 찾아 채워볼래요?

• 보기 : 사림, 사화, 4번, 조의제문, 폐비윤씨

조선시대는 선비들의 시대라고 할 수 있어요. 양반이 관직에 나아간 사람을 말한다면 선비는 관직보다는 학문에 더 뜻을 두고 공부하는 학자를 말해요. 하지만 이 선비들이 성종 대에 과거를 통해 조정으로 나아가기 시작했어요. 그 전부터 관력을 차지하고 있던 훈구파와 구분해 이들을 (   )이라 불렀어요. 하지만 사림을 마땅치 않게 여겼던 훈구대신들은 왕을 부추겨 (   )번에 걸쳐 (   )를 일으켰지만 결국 사림의 힘은 점점 커졌어요.

• 정답은 238쪽에서 확인하세요!

사림의 시대로 시간여행을 떠난다면?

1. 성종과 중종의 왕릉
• 선정릉

세종 이후부터 명종에 이르는 시기의 조선 역사를 공부하기 좋은 곳이야.

서울 시내에 있는 왕릉 중 지하철로 쉽게 찾아갈 수 있는 곳이 바로 선정릉이에요. 선릉은 성종과 정현왕후 윤씨의 무덤이고 정릉은 중종의 무덤이에요. 왕릉은 잘 보존되어 있어 시민들이 즐겨 찾는 훌륭한 휴식처이기도 해요. 선정릉은 한 바퀴 돌아보기에 참 좋은 곳이랍니다. 조선의 왕릉이 세계문화유산이 되고 나서 왕릉마다 작은 전시관이 생겼는데, 관련된 왕과 시대에 대해서 자세히 소개되어 있으니, 살펴본다면 좋겠어요.

2. 쫓겨난 왕 연산군의 무덤
• 연산군 묘

서울시 도봉구 방학동에서 연산군과 부인 신씨의 묘가 있어요. 연산군은 왕 자리에서 쫓겨 난 왕이라 왕릉이라 부르지 않고 묘라 불린답니다. 묘는 왕릉과는 아주 다른 느낌이어서 이곳을 처음 찾는 사람은 연산군이 미워지기보다는 왠지 불쌍해진다고들 해요. 여러분은 어떤지 이곳을 찾아 연산군 시대의 역사를 만나보길 바라요.

한 때 왕이었던 사람의 무덤이라고는 보이지 않아.

3. 사림의 대표선수 조광조를 모신 심곡서원과 조광조 묘
● 심곡서원

조광조 묘와 심곡서원은 아주 가까이 있어.

용인 수지 상현동에 조광조의 묘와 조광조를 모신 심곡서원이 있어요. 조광조는 중종 때 대표적인 사림이에요. 조광조는 도덕적인 정치를 강조하며, 부정부패 세력과 맞섰어요. 잘못된 제도를 바로잡고 새로 고치려고 노력했지만 이에 반대하는 세력들의 모함에 의해 주초위왕 사건으로 죽음을 맞이해요. 아파트촌에 둘러싸여 예전의 풍광은 사라졌지만 조선시대 선비정신에 대해 알아보기 좋은 곳이니 한 번 들러보세요.

4. 야심 있는 왕비 문정왕후의 무덤
● 태릉

조선왕릉전시관이 있어서 세계문화유산인 조선의 왕릉에 대해 알 수 있어.

문정왕후는 중종의 세 번째 왕비였어요. 늦은 나이에 아들을 얻게 되자 아들을 위해 세자의 외가세력과 싸우게 돼요. 결국 문정왕후는 아들 명종을 왕으로 만들어요. 그리고 어린 아들을 대신해 한동안 정치를 하기도 했어요. 죽은 뒤에도 남편과 같이 있고 싶은 마음에 인종의 엄마와 함께 묻힌 중종의 시신을 정릉으로 옮겼지만 정릉에 물이 고이는 등의 이유로 함께 묻히지 못하고 태릉에 묻혔어요. 이후 아들 명종은 그 옆 강릉에 자리 잡게 돼요.

이번엔 화폐인물 탐방인가?

각 나라 화폐에는 그 나라를 대표하는 위인들이 있는 경우가 많아요.
우리나라도 지폐에도 모두 위인들이 그려져 있죠.
오만 원 신사임당, 만 원 세종대왕, 오천 원 율곡 이이, 천 원 퇴계 이황.
오늘은 그중 세 분에 관한 이야기를 해보려고 해요.
바로 조선을 빛낸 대학자 퇴계 이황과 율곡 이이, 그리고 이이의 어머니이자 화가인 신사임당에 대해서 말이에요.

조선을 빛낸 뛰어난 유학자들에 대해 알아보는 시간이래.

31 서른한 번째 여행
조선을 빛낸 대학자 퇴계와 율곡

16세기 성리학이 이끄는 조선

한국사 탐험을 떠나기 전 미리 생각해 올 것!

조선시대 학교에 대해 조사해 보세요.
퇴계 이황과 율곡 이이에 대해 조사해 보세요.

준비물

훌륭한 선비를 대하는 존경의 마음, 필기구, 수첩

연표

- 1519년 기묘사화
- 1545년 명종 즉위
- 1550년 최초의 사액서원, 소수서원 만들어짐
- 1557년 도산서당 완성
- 1558년 퇴계와 율곡이 만남
- 1567년 선조 즉위
- 1592년 임진왜란

율곡 이이는 오천 원짜리 지폐모델이시잖아.

맞아! 퇴계 이황은 천 원짜리 지폐모델이시고.

도산서원으로 가는 길

오늘은 안동으로 떠난대요. 서울에서 먼 곳이라 우리는 새벽에 모였어요.

"여러분~ 좋은 아침~ 아니 좋은 새벽~ 오늘은 아침 일찍 출발해서 미안해요. 휴게소에 들러서 아침밥을 먹을 거예요. 우리 목적지인 도산서원까지는 3시간 쯤 걸릴 거예요. 자 그럼 출발~"

우리는 출발과 동시에 잠들었어요. 얼마나 졸렸는지 우리는 아침밥도 먹지 않고, 그냥 차에서 잤어요.

• 구 천 원권 지폐 도산서원 모습
예전 천 원짜리 지폐 뒷면에는 도산서원의 모습이 담겨 있었어요.

오늘 가는 도산서원은 이황과 제자들이 함께 공부했던 도산서당에 지은 거래요. 예전에는 천 원 지폐 뒷면에 도산서원이 그려져 있어서 모르는 사람이 없었는데 요즘은 그림이 바뀌어서 잘 모르는 어린이가 많다고 한탐 선생님은 설명해 주셨어요. 우리는 선생님이 보여주신 옛날 천 원짜리를 살펴보았어요. 숲속에 한옥이 있는 풍경이었어요. 도산서원 가는 길에 군자마을이라는 곳을 들렀어요.

"안동은 다른 도시들보다 조선시대 전통을 간직한 마을이 많아요. 유명한 하회마을이 대표적이죠. 여기 군자마을도 그중 하나예요. 600년 전통을 가진 광산 김씨들이 모여 사는 마을이랍니다. 원래 위치는 이곳이 아니었어요. 댐 건설로 마을이 물에 잠기게 되자 마을의 집과 문화재를 모두 이곳으로 옮겼어요. 이 마을 사람들은 모두 학문이 뛰어나고 성품이 좋아서 군자마을이라는 별명이 붙여졌어요. 조선시대에는 높은 학식과 훌륭한 성품을 가진 사람을 군자라 불렀거든요."

마을에서 바라보는 호수는 무척 아름다웠지만 이곳 주민들은 물속에 잠긴 고향을 그리워 할 것 같았어요.

군자마을에서 조금 더 가니 길가에 커다란 박물관이 있었어요. 유교문화박물관이었어요. 이황이 유교 문화를 꽃피운 분이다 보니 도산서원과 가까운 이곳에 박물관을 만들었나 봐요. 이제 곧 도산서원에 도착하겠죠? 정말 기대가 돼요.

뛰어난 유학자, 퇴계 이황

드디어 우리는 도산서원에 도착했어요. 도산서원은 안동 시내에서도 한참 먼 곳에 있었어요. 자동차가 없던 조선시대에 이황은 한양이나 안동에서 이곳까지 말을 타거나 걸어 다니셨겠죠?

"이황은 어린 시절부터 선비의 바른길을 고민했어요. 하지만 19세 때 기묘사화가 일어나 많은 사람들이 목숨을 잃는 걸 보고 충격을 받았죠. 34세 때 문과에 합격해 관직 생활을 시작했는데, 명종이 즉위하고 외척들로 정치가 어지러워지자 벼슬을 그만두고 고향으로 내려왔어요. 그러나 명종은 20여 차례나 이황을 한양으로 불렀답니다. 명종실록에 보면 성리학 연구나 글쓰기 수준에서 '이황을 앞설 자가 없다'라고 기록되어 있을 정도로 이황의 학식에 대해 높이 평가했어요. 하지만 이황은 관직을 거절하며 고향에 머무르길 원했대요."

이황의 호는 '퇴계'인데, 언제든지 물러나 내가 살던 고향의 아름다운 계곡으로 돌아가겠다는 뜻을 가지고 있대요. 도산서원으로 들어가는 길은 정말 아름다웠어요. 숲길을 걷다 보면 오른쪽으로 낙동

강의 풍경이 펼쳐지거든요.

"낙동강 한가운데 흙을 높이 쌓고 그 위에 만든 건물 보이죠? 정조 임금님이 오신 것을 기념하기 위해 만든 거예요. 정조는 평소에 이황을 존경해서 친히 안동까지 오셨어요. 왕이 이곳까지 온다는 것은 매우 특별한 일이었답니다. 그래서 왕의 방문을 기념해 특별 과거시험도 열었어요. 시사단*은 그것을 기념하기 위해 만든 건데, 댐이 생기면서 물에 잠길 위기에 처하자 흙을 높이 쌓아 시사단을 보존했어요. 우리도 기념으로 사진 한 장 찍고 갈까요?"

도산서원은 도산서당**을 감싸고 있는 학교예요. 도산서당은 생각보다 작은 건물이었는데, 마루에 우리 4총사가 걸터앉으면 꽉 찰 것처럼 작았어요. 이곳에서 제자들을 가르친 이황을 생각하니, 왠지 우리도 제자가 된 기분이었어요.

● 시사단
이황을 존경한 정조의 방문기념 특별 과거시험이 열렸던 장소에요.

●● 도산서당
도산서당은 퇴계 이황이 고향으로 돌아와 학생들을 가르치던 곳이에요.

"이황은 이곳에 조용히 계시면서 책을 읽고 제자를 길렀어요. 워낙 유명한 분이었지만 잘난 척이나 스스로를 내세우는 일 따위는 아주 싫어했대요. 자기 자신을 다스릴 줄 아는 자가 진정한 선비라 믿었거든요. 아랫사람이나 제자들에게도 공손한 말씨를 쓰고 어머니에 대한 효성도 지극했죠. 그러니 제자들도 스승을 닮아 훌륭한 사람이 많이 나왔어요."

조선 중기에 학문으로 이름이 높은 김성일, 이순신의 능력을 알아보고 임진왜란을 슬기롭게 이겨 낸 명재상 류성룡이 바로 이황의 제자였대요.

조선 최초의 서원, 소수서원

"서당은 지금의 초중고쯤 해당하고, 서원은 지금으로 치면 대학교쯤 된다고 할 수 있어요. 서당과 서원 모두 국가에서 만든 학교는 아니고, 개인들이 만든 학교였어요. 서원이 특이한 것은 학교지만 공부만 하는 것이 아니라 훌륭한 학자들을 기리고 제사 지내는 일을 함께 했다는 것이에요. 우리나라 최초의 서원은 경상북도 풍기에 있는 소수서원인데, 소수서원이 세워진 후 나라 곳곳에 서원이 만들어지기 시작했답니다. 서원이 많을 때는 500곳이 넘기도 했대요."

우리가 온 도산서원이 최초가 아니어서 아쉽다고 생각했어요. 하

• 서원의 구조
서원마다 조금씩 다르지만 보통 앞쪽에는 강당과 기숙사가, 뒤쪽에는 제사공간이 있어요.

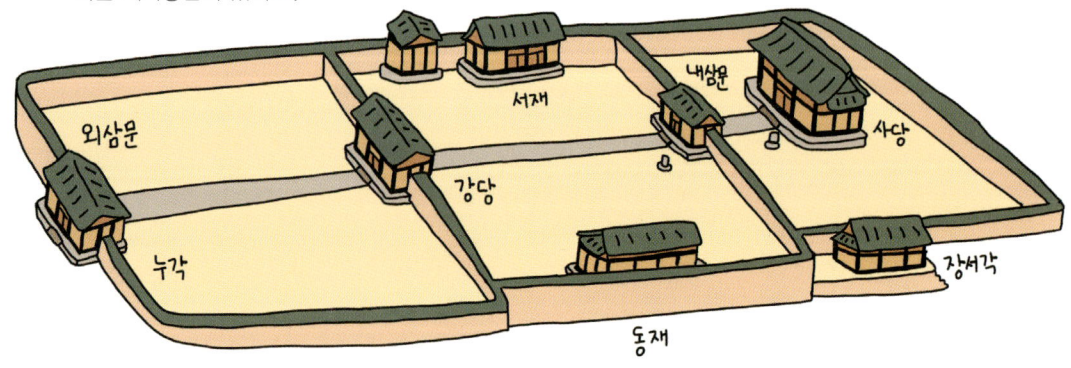

지만 괜히 아쉬워했어요. 소수서원은 풍기 군수였던 이황이 나라에 요청해서 생긴 것이라고 했어요. 그럼 그렇죠. 역시 누구보다도 학문을 사랑하고 제자 교육에 힘쓴 분이라니까요.

한탐 선생님은 이제 최초의 서원인 소수서원으로 갈 거랬어요. 차는 구불구불 언덕을 오르락내리락하며 쉼 없이 산속을 달렸어요. 도착해 보니, 소수서원은 도산서원과 달리 산이 아닌 평평한 마을에 위치해 있었어요.

"풍기 군수였던 주세붕은 자신이 부임한 고을에 학교가 없는 것을 안타까워했어요. 그래서 빈 절터에 백운동서원을 세웠어요. 송나라 유학자인 주희의 백록동서원을 본 따 만든 것이었지요. 처음 만든 서원이다 보니 건물 위치가 자유로웠어요. 주세붕의 뒤를 이어 군수로 부임한 이황은 이를 매우 훌륭히 여기고 나라에 정식학교로 허락해 달라고 요청했어요. 명종은 땅과 노비, 책을 선물하며 서원 이름까지 새로 지어주었는데 그게 '소수서원'이었어요."

소수서원은 조선말까지 4,000여 명의 학생을 배출한 최고의 서원이었대요. 우리가 사는 서울에서 안동과 영주는 꽤 먼 거리이었지만, 도산서원과 소수서원을 한꺼번에 갈 수 있어 행운이었던 거 같아요.

• 소수서원
우리나라 최초의 서원이에요.

조선 최고의 수재들이 모인 곳 - 성균관

성균관은 조선 최고의 학교였어요. 조선 최고의 교육기관이니 아무나 입학할 수가 없었지요. 1차 과거시험인 소과를 합격한 사람들만 성균관 입학자격을 가질 수 있었어요. 성균관에 입학한 학생들은 성균관에서 공부를 잘하고 있는지 확인하는 도장인 원점 300개를 받아야 대과 시험을 치를 자격이 생겼어요. 조선을 이끌어갈 인재들이 모인 곳인 만큼 왕도 가끔 이곳을 찾아 학생들을 격려했어요.

조선 최고의 선비들, 동방오현

소수서원을 나오니, 어느덧 점심식사 때가 되었어요. 우리는 풍기 장터에서 산채비빔밥을 먹고도 인삼 튀김, 사과 등을 간식으로 먹었어요.

"오전에 퇴계 이황을 배웠으니 오후에는 율곡 이이를 배워야겠죠?"

우와, 그럼 이제 강릉에 가는 걸까요? 율곡 이이는 강릉 오죽헌에서 태어나셨거든요. 그곳은 이이의 외갓집이라는 사실을 탐방을 떠나기 전 조사를 통해 알 수 있었어요. 하지만 목적지는 다른 곳이었어요.

"강릉 오죽헌은 율곡이 태어나신 곳이 맞아요! 하지만 원래 집은 파주였답니다. 우리는 파주로 갈 거예요."

파주는 서울의 서북쪽에 있지 않나요? 세상에나, 우리가 새벽부터 탐방을 떠난 이유를 알겠어요. 하루 동안 우리나라를 반 바퀴나 돈 것 같단 생각이 들었어요. 하지만 새벽에 일어나기 힘들었다는 우리들의 불만에도 아랑곳하지 않고, 한탐 선생님은 파주로 가는 길에 조선의 뛰어난 학자들 이야기를 해주셨어요.

"최고의 학자는 누가 뭐래도 퇴계 이황이죠. 이황은 성리학을 가장 잘 이해하는 학자로, 조선의 성리학은 이황으로부터 시작된다고 할 정도예요. 이웃 나라에도 이황의 이름은 알려져 있었어요. 특히 일본인들이 이황을 많이 존경했답니다. 임진왜란 때 쳐들어온 일본군이 도산서원만큼은 존경의 의미로 불 지르지 않을 정도였으니 말이에요."

그런 이황이 손꼽은 대학자들이 있었대요. 김굉필, 조광조, 이언적, 정여창이에요. 이황은 이들이 있어 조선의 성리학이 자리를 잡았다고 하셨죠. 그래서 이 네 분을 동방사현(조선에서 가장 현명한 네 명의 대학자)이라 불렀어요. 이 이야기를 들은 이황의 제자들이 이황까지 포함해 동방오현이라 했대요. 동방오현은 공자를 모신 문묘

● 문묘
공자나 여러 성인들의 위패를 모시고 제사를 지내는 사당을 말해요.

에 함께 위패**가 모셔지는 영광을 누렸대요.

　이황이 손꼽을 정도면 정말 대단한 분들일 텐데, 우리 사총사는 동방사현에 대해 아는 것이 없었어요. 아~ 정말 세상에는 알아야 하는 게 끝이 없을 것 같다는 생각이 들었어요.

　동방오현에 대한 선생님의 이야기는 끝이 없었어요. 그중 이언적의 고향인 경주 양동마을은 안동 하회마을과 함께 세계유산으로 등록된 마을인데, 나중에 꼭 한 번 가보기로 마음먹었어요.

●● 위패
돌아가신 분의 혼을 대신하는 것으로, 이름과 돌아가신 날짜를 적은 나무패를 가리켜요.

구도장원공, 율곡 이이

3시간이 넘게 차를 타고 이동한 우리가 도착한 곳은 파주에 위치한 자운서원이었어요.

"여기 마루에 걸터앉아 볼까요? 여러분이 앉아 있는 곳 뒤에 방이 있죠? 그 안에는 율곡 이이의 어머니 신사임당의 영정이 모셔져 있어요."

우리는 깜짝 놀라 뒤돌아보았어요. 문이 닫혀 있어 볼 수는 없었지만 기분이 이상했어요.

• 율곡 이이 영정
조선의 대유학자 율곡 이이 선생님이에요.

"놀랄 필요 없어요. 저기 산 위로 올라가면 이이와 신사임당의 무덤이 같이 있으니 이따가 인사드리러 가요. 이이 이야기를 좀 해볼까요?"

이이는 어머니 신사임당의 고향 집이 있는 강릉에서 태어났대요. 검은 대나무로 유명한 오죽헌인데요. 태어나기 전에 태몽으로 용꿈을 꿔서 지금도 그곳에 가면 용꿈을 꾼 방이라는 뜻의 몽룡실이 남아 있대요.

"강릉 외가에 살던 이이는 6살 때 아버지 고향인 파주로 가게 되었어요. 율곡이라는 호는 파주 율곡 마을에서 따 온 거예요. 파주로 간 이이는 금방 유명해졌어요. 어릴 때부터 어려운 책을 척척 읽어 내고, 어른 못지않게 멋진 시를 써 신동으로 이름을 널리 알리게 되었거든요. 13살 때 처음 본 과거시험도 거뜬히 합격하셨죠."

이 정도는 아무것도 아니에요. 그 후에도 여러 가지 과거시험을 봤는데 무려 9번을 모두 장원으로 합격해서 도성 사람들이 구도장원공이라고 불렀대요.

자신을 살피고 학문을 닦는 것을 가장 중요하게 여긴 이황과 달리 이이는 백성과 나라를 위해 학문을 한다고 생각했대요. 그래서 맡은 일은 최선을 다해 쉬지 않고 해서 이이가 가는 마을마다 백성들이 뛸 듯이 좋아했다고 해요.

조선을 빛낸 대학자 퇴계와 율곡

"이이가 23살 때 안동으로 퇴계 이황을 만나러 갔어요. 이황은 자신을 찾아온 35세 연하의 이이와 기꺼이 성리학 토론을 했지요. 엄청난 나이 차이에도 불구하고, 두 분은 금세 친해졌어요. 이이는 이황에 대한 존경을 표시하며 스승으로 모실 것을 다짐했대요. 이황도 이이가 자기를 뛰어넘을 대단한 후배라며 칭찬하고 말이에요."

조선의 과거제도

조선에서는 관리가 되려면 반드시 과거 시험을 거쳐야 했어요. 과거 시험은 크게 문관을 뽑는 문과, 무관을 뽑는 무과, 기술관을 뽑는 잡과로 나뉘어 있었어요. 높은 관직에 오르려면 문과 시험을 봐야 했는데, 소과를 통과한 사람만 대과를 치를 수 있었어요. 소과는 유교 경전의 이해도를 알아보는 생원과와 시와 산문 등 문장력을 시험하는 진사과로 나뉘었어요. 대과는 모두 3번의 시험을 치르는데, 1차 시험에서 200명, 2차 시험에서 33명을 뽑아, 3차 시험에서 순위를 매겼어요. 이렇게 여러 번의 단계를 통과해야 관직에 오를 수 있었답니다.

이런 이이에게도 큰 걱정이 있었어요. 그것은 바로 오랜 평화로 인해 사람들이 위기를 대비하는 마음을 잃어버린 것이었어요. 평화로울수록 위기에 대비해야 한다는 이이는 십만의 군대를 키워야 한다는 〈십만양병설〉을 주장하셨어요. 하지만 이이의 말씀을 아무도 들어주지 않았죠. 이이는 돌아가시는 순간까지도 나라를 걱정하셨대요.

자운서원에서 만난 신사임당

"이이는 항상 나라의 앞날을 걱정했어요. 〈십만양병설〉을 쓸데없는 이야기라며 무시하는 사람들도 있었죠. 이렇게 평화로운데, 무슨 전쟁이냐는 거예요. 하지만 이이가 돌아가신 후 조선은 아무런 준비 없이 임진왜란을 겪게 돼요. 만약 국방력을 강화하고, 만만의 준비를 했더라면, 전쟁이 났더

• 이이의 묘
이이의 가족 무덤이에요. 어머니 신사임당을 비롯해, 가족의 묘 13기가 조성되어 있어요.

라도 빨리 끝났을 거예요. 그러면 백성들의 피해도 적었을 테고 말이에요. 항상 준비하는 마음! 그것이 우리가 이이에게 배울 역사의 교훈이지 않을까요? 자, 그럼 신사임당의 묘로 올라가 볼까요?"

자운서원 옆 산에는 이이 선생님 가족묘가 있었어요. 조금 가파른 길이지만 계단을 따라 올라가니 신사임당과 남편 이원수 공의 묘가

있었어요. 그 위로 이이의 묘도 있었고요. 자식의 무덤은 부모 무덤 아래에 만드는 것이 보통이지만 높은 벼슬을 하거나 나라에 큰 공을 세운 사람은 이곳처럼 부모 무덤 위에 묘를 만드는 경우도 있었대요.

누구에게나 엄마는 소중하지만, 이이에게 신사임당은 아주 특별한 분이셨대요.

"신사임당의 본명은 신인선이에요. 사임당이 워낙 유명해서 이름으로 오해하는 경우가 많은데, 사임당은 중국의 훌륭한 임금인 문왕의 어머니 '태임을 닮은 사람이 되겠다'는 뜻으로 지은 당호랍니다. 사임당은 어릴 적부터 그림 솜씨가 뛰어나 천재 화가로도 유명했어요. 특히 사임당이 그린 풀꽃 그림은 조선 최고의 그림으로 칭송받았죠. 이이는 재

● 당호

사람이 머무는 곳(건물이나 집)의 이름으로 사람의 이름을 대신하여 부르는 호칭이랍니다. 예를 들어, 신사임당에서 "사임당"이나 정약용을 부르던 "여유당"은 그들이 머물던 곳의 이름이에요.

신사임당은 화가로 유명했구나!

조선시대의 화가들은 대부분 남자 아니야?

풀과 벌레가 살아있는 것 같아.

괜히 오만 원짜리 지폐 모델이신 게 아니구나.

주가 많고, 인자한 어머니를 스승처럼 여기며 존경하고 사랑했어요. 사임당도 지혜로운 율곡이 백성과 나라에 도움이 되는 사람이 되기를 바라면서 엄하게 키웠대요."

그런 신사임당이 이이가 열여섯 살이 되던 해에 돌아가셨대요. 이이의 충격과 슬픔은 이루 말할 수 없을 정도였어요. 장원 급제한 과거시험도 모두 버리고 죽음이 무엇인지 알기 위해 금강산의 절에 들어가기도 했대요. 하지만 슬픔에 빠졌던 이이의 마음을 잡은 것은 외할머니 때문이었어요. 어머니 사임당을 대신해 지극한 정과 사랑을 주셨기 때문이래요. 가족의 따뜻한 사랑이 백성에 대한 사랑으로 자란 건 아니까요?

붕당의 시작

퇴계 이황도 율곡 이이도 훌륭한 분들 같아요. 똑똑하고 학문이 뛰어나서가 아니라, 자신을 다스리고 남을 생각하는 마음이 그래요. 한탐 선생님은 주차장으로 가는 길에 오늘 탐방의 소감에 대해 한 마디씩 해보자고 하셨어요.

우리는 투덜이의 말에 모두 웃었어요. 하지만 한탐 선생님은 놀란 표정을 지으셨어요.

"우와 다들 진짜 대단해요. 선생님도 기대해볼게요."

그런데 이황과 이이가 돌아가신 후 조선은 어떻게 되었을까요?

"안타깝게도 두 분의 제자들이 편을 나누어 서로의 학문이 더 높고 훌륭하다며 싸우기 시작했어요. 사실 신하들 간의 다툼은 이이가 살아있을 때부터 시작되었어요. 훈구파를 몰아내고 조정을 차지한 사람들이 이번에는 선후배로 나누어 싸우기 시작한 거예요. 사람들은 이들이 사는 곳을 기준 삼아 동인과 서인으로 불렀어요."

"이이는 사람이 서로 나누어 싸우는 것을 원치 않았지만 싸움을 말리는 데 실패했어요. 동인과 서인은 각각 학문적으로도 퇴계 이황과 율곡 이이 편으로 나뉘었으니 이를 붕당이라고 해요. 원래 붕당은 서로 경쟁을 통해 더 좋은 정치를 하는 방법이었지만 이때 붕당은 상대방을 미워하고 인정하지 않는 나쁜 쪽으로 변해 갔답니다."

붕당이 심해지자 정치는 어지러워지고 백성들의 생활은 힘들어졌대요. 나라 밖의 분위기도 심상치 않게 변했고요. 곧이어 일어날 전쟁을 대비하지 못했죠. 지나간 역사지만 우리 사총사는 마음이 아팠어요.

한눈에 정리하기

 **질문 하나,**
우리나라 지폐에 등장하는 두 학자예요. 두 분을 소개해 줄래요?

오천 원 지폐	천 원 지폐
율곡 이이	퇴계 이황

 **질문 둘,**
율곡 이이와 관련된 이야기를 제대로 알고 있는 친구는 한 명 뿐이네요. 누굴까요?

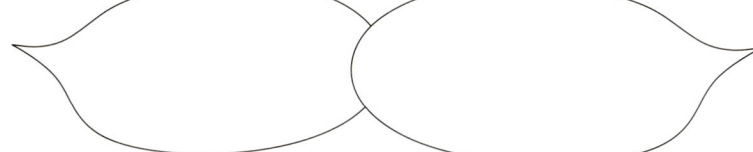
- 벼슬자리 보다는 학문을 연구하고 제자를 기르는 것이 더 관심이 많았습니다.
- 벼슬자리에서 물러 난 후 고향 안동에서 서당을 짓고 지냈습니다.
- 과거 시험에 아홉 번 장원급제하고, 십만양병설을 주장했습니다.
- 명종에게 부탁하여 소수서원의 사액을 받았습니다.

? ~~~~~~~~~~

 **질문 셋,**
신사임당의 초충도를 감상하고, 느낌을 이야기해 볼까요?

 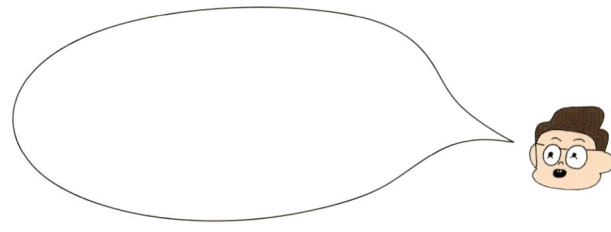

● 정답은 238쪽에서 확인하세요!

16세기 성리학이 이끄는 조선시대로 시간여행을 떠난다면?

1. 우리나라 최초의 사액서원
● 소수서원

소수서원에서 조상들의 공부법도 알아보자!

최초의 서원 소수서원은 다른 서원과 달리 건물들의 자리 배치가 자유로워요. 소수서원을 한 바퀴 돌며 죽계천을 바라볼 수 있는 경렴정, 학생들의 교실인 명륜당, 교무실 일신재 직방재, 학생들의 기숙사 학구재, 지락재, 책을 보관하는 장서각을 찾아보세요. 그리고 바위에 새겨진 붉은색 '경(敬)'자 글씨도 찾아보세요. 소수서원 뒤편은 선비촌과 연결되어 있어요. 선비촌은 조선시대 양반과 상민의 삶을 체험할 수 있도록 조성된 전통 민속마을이에요.

2. 퇴계 이황을 따라 산책하자
● 도산서원과 예던길

도산서원은 우리나라 서원 중 가장 유명한 곳이에요. 대부분의 서원처럼 도산서원도 강이 바라다보이고 숲으로 둘러싸인 아름다운 곳에 자리 잡고 있어요. 특히 서원으로 들어가는 길은 아름드리나무가 우거져 있어 산책로로 이름난 곳이에요. 퇴계 이황이 직접 만들고 제자를 가르친 도산서당에는 지금도 예쁜 매화나무가 자라고 있답니다. 도산서원 주차장은 예던길의 출발점이기도 해요. 예던길은 바른길이라는 뜻을 가진 말로 이황이 즐겨 산책하던 길을 정비해 둔 길이에요. 이 길을 따라 걷다 보면 이황이 살았던 고향 집과 무덤을 만날 수도 있답니다. 예던길을 다 돌아보려면 얼마나 걸릴까요? 길이는 무려 22킬로미터, 왕복 5시간은 꼬박 걸린답니다.

3. 율곡 이이의 탄생지
● 오죽헌

경포호수에 있는 강릉 오죽헌은 신사임당과 율곡 이이가 태어난 집이에요. 집 안에 있는 검은 대나무의 이름을 따 오죽헌이라고 해요. 오죽헌은 우리나라 살림집 중 가장 오래된 편이래요. 오죽헌 안에는 여러 건물이 있는데 그중 신사임당이 율곡을 낳기 전에 용꿈을 꾸었다는 데서 이름 붙은 몽룡실이 대표라 할 수 있어요.

이곳 말고도 정조 임금이 율곡의 유품인 《격몽요결》의 원본과 벼루를 보관하도록 지어준 어제각, 문성사에 모셔진 이이의 영정, 600년이 넘은 배롱나무도 오죽헌을 찾을 때 빼놓으면 안 되는 곳들이지요.

벌써 마지막 역사 탐방이에요.
이번을 마지막으로 여러분과 헤어질 생각을 하니 아쉽고 섭섭한 마음이에요.
마지막으로 우리가 만날 역사는 조선 최대의 위기 임진왜란이랍니다.
그래요, 이순신 장군의 이야기를 만날 수 있는 시대예요.
하지만 위대한 영웅들만 있었던 것은 아니에요.
이름 없는 의병.
나라를 위해 목숨을 바친 승병.
그들 모두를 기억하는 탐방이 되면 좋겠어요.

아쉬워.
이번이 마지막 역사 탐방이래!

32 서른두 번째 여행
조선을 뒤흔든 임진왜란

임진왜란의 이모저모

한국사 탐험을 떠나기 전 미리 생각해 올 것!

임진왜란이 일어나기 전 일본과 중국의 역사 조사해 보세요.
임진왜란의 이모저모를 알아보세요.

준비물

3박4일 여행준비물, 필기구, 수첩

연표

- 1592년
  임진왜란, 한산도 대첩, 진주대첩
- 1593년
  행주대첩
- 1597년
  정유재란
- 1607년
  조선통신사

하지만 3박 4일 동안 여행을 한다잖아.

임진왜란 전후로 조선이 엄청 달라졌대.

전쟁은 너무 싫어. 사람들이 죽고 다치잖아.

대마도로 간 사총사

"벌써 마지막이에요 여러분~ 시간이 이렇게 빨리 지나가다니…
그새 방학도 되고, 우리의 마지막 역탐은 오래도록 추억에 남게 3박 4일 동안 남쪽 바다로 가기로 했는데 짐은 잘 챙겨 왔겠죠?"

그럼요. 우리가 이번 역사 탐방을 얼마나 기다렸다고요. 수영복하고 물놀이 장난감으로~ 여행 가방을 잘 챙겨왔어요. 그런데 우리 남해안 어디로 가나요?

"이번 역사 탐방의 주제는 임진왜란이에요. 임진왜란은 무려 7년 동안 일본과 싸웠던 전쟁이지요. 전국 모든 곳에 임진왜란의 흔적이 남아 있어요. 그중에서도 우린 대마도와 부산을 다녀올 거예요. 그럼 첫 번째 목적지인 대마도로 가 볼까요?"

대마도라고요? 대마도는 일본이잖아요? 이야, 드디어 우리 사총사 처음 외국에 나가나 봐요. KTX를 타고 부산역에 도착할 때까지 우리는 들떠서 자리에 가만 앉아 있질 못했어요.

대마도는 부산항에서 고속선을 타고 갔어요. 고속선은 제트엔진이 달렸대요. 바닷물 위로 붕 뜬 채로 달린다나요. 배가 이렇게 빠르

다니~ 대마도는 일본이라서 멀리 있는 줄 알았는데, 한국에서 가까운 곳에 있는 항구는 부산에서 1시간 10분이면 도착한대요. 서울에서 부산까지 KTX로 2시간이 넘게 걸리는데, 대마도는 생각보다 우리나라와 가깝나 봐요.

우리는 2시간 30분 거리의 대마도 이즈하라 항구에 도착하였어요. 이즈하라는 조용하고 한적한 곳이었어요. 한탐 선생님은 우리와 나란히 걸으며, 임진왜란의 시작을 설명해 주셨어요.

"사실 대마도는 일본보다 우리나라와 더 가까운 섬이에요. 일본이 도요토미 히데요시에 의해 통일되기 전에는 조선과 더 친하게 지냈었어요. 조선에서는 대마도주에게 관직을 내려 줄 정도였지요. 대마도는 섬은 크지만 산이 많고 농사짓기가 어려워 조선에서 곡식을

수입하지 않으면 대마도 주민들을 먹여 살릴 수가 없었거든요. 그래서 일본과 조선 사이에서 무역을 하며 살아갔어요. 하지만 대마도의 평화는 100여 년간 계속된 일본 내부의 전쟁이 끝나면서 깨어지게 되었답니다. 일본을 통일한 도요토미 히데요시가 조선을 넘어 중

대마도

대마도에는 반쇼인 이외에 우리나라와 관련된 유적지들이 많이 남아있어요. 의병장으로도 활약했던 최익현 선생의 순절비, 고종의 외동딸인 덕혜옹주와 대마도주 소 다케유키의 결혼을 기념하는 덕혜옹주결혼봉축비, 조선통신사들이 묵었던 서산사, 신라의 왕자를 구하고 목숨을 잃은 박제상 순국비, 대마도에 오다 배가 침몰되어 목숨을 잃은 역관들을 기리기 위한 조선역관순난지비 등 많은 흔적들이 남아있답니다.

국 명나라까지 공격할 계획을 세웠거든요. 그런데 이 공격의 맨 앞에 서게 되는 사람이 바로 조선을 가장 잘 아는 대마도주와 대마도 군사들이었어요."

대마도주는 급해졌대요. 전쟁을 막아야지만 대마도가 살 수 있었거든요. 대마도주는 직접 조선을 찾아와 일본의 속셈을 알렸어요. 그러나 대마도주는 놀랐어요. 전쟁이 일어날 것을 알려주어도 조선의 대신들은 믿지 않는 것이었어요.

대마도주 요시토시의 유언

아니, 전쟁이 일어날 것을 미리 알려주러 왔는데 어떻게 믿지 않을 수 있죠?

"그건 바로 붕당 때문이에요. 동인과 서인이 서로 싸우고 있다 보니 함부로 전쟁이라는 말을 꺼냈다가는 상대로부터 공격받을 게 분명하거든요. 백성을 불안하게 만든다고 말이에요. 그리고 150년이 넘게 큰 전쟁이 없다 보니 전쟁은 낯선 말이기도 했을 거예요."

아! 너무 답답해요. 직접 가서 보면 되잖아요? 일본이 전쟁을 준비하는지 안 하는지 말이에요.

"첫 번째 목적지는 대마도주의 무덤이 모여 있는 반쇼인이에요."

반쇼인은 대마도주들의 무덤이 모여 있는 곳이래요. 왠지 으스스할 것 같아요.

반쇼인에 도착한 우리는 입이 떡 벌어졌어요. 어마어마하게 큰 나무가 여러 그루 있었거든요. 천 년도 넘은 것 같아요. 무덤은 우리나라와 아주 다르게 생겼어요. 선생님은 일본은 화장(시신을 불에 태움)을 하기 때문에 우리처럼 둥그런 무덤을 만들지 않는다고 하셨어요. 돌탑을 만들어 유골을 모신대요. 눈 돌리는 데마다 크고 작은 돌탑이 있어요.

• 반쇼인
대마도를 지배하던 소씨 가문의 묘역이에요. 대마도주가 일하던 관청이 있던 곳에 위치해 있어요.

선생님은 임진왜란 때 대마도의 주인이었던 소 요시토시의 무덤을 찾아보랬어요. 우리는 금방 찾을 수 있었어요. 반쇼인의 모든 무덤 중 가장 작고 초라하게 만들어져 있었어요. 어떻게 된 걸까요?

"임진왜란이 끝난 후 요시토시는 대마도 주민들을 먹여 살리기 위해 조선을 찾아가 빌고 또 빌었어요. 자신은 히데요시의 명에 의해 어쩔 수 없이 조선을 공격한 것뿐이었고 마음 속 깊이 반성하고 있다 했지요. 조선은 요시토시를 의심했어요. 요시토시는 조선을 안심시키기 위해 자신이 죽을 때 유언으로 무덤을 가장 초라하게 만들라고 했어요. 혹시 조선의 관리들이 대마도에 왔을 때 화려한 자신의 무덤을 보면 대마도를 도와주지 않을 수 있기 때문이랬어요. 요시토시의 노력 때문이었을까? 조선은 대마도를 용서해 주고 예전과 같이 무역을 할 수 있게 해 주었지요."

선생님의 이야기를 들으면서 일본사람들이 모두 전쟁을 원했던 것은 아니었다는 것을 알게 되었어요.

전쟁은 일어난다 VS 일어나지 않는다

반쇼인은 정말 특별한 공동묘지였어요. 무서운 느낌보다는 신비한 장소 같았어요. 요시토시의 마음을 알고 나니 왠지 안타까운 마음도 들었고요. 우리는 다시 마을로 내려와서 숙소로 향했어요.

"이즈하라는 작은 항구지만 대마도의 중심이다 보니 우리 역사 흔적을 곳곳에서 만날 수 있어요. 특히 조선통신사가 일본으로 갈 때 처음부터 끝까지 길 안내를 맡았던 사람이 바로 대마도주예요. 조선통신사가 일본에서 머무르는 첫 번째 장소는 자연스럽게 대마도였죠. 그래서 대마도에는 통신사 일행이 머문 곳이 여러 군데 남아 있어요. 그중 서산사라는 곳은 지금도 여행객들에게 방을 빌려주

조선통신사
통신사는 조선에서 일본으로 보낸 외교사절단이에요. 임진왜란 이후 조선과의 국교(국가간의 교류)를 다시 이어가고 싶어했던 일본측 요청으로 약 200년간 12차례에 걸쳐 통신사가 파견되었어요. 의원, 화원, 통역관 등을 포함한 400명에서 500명에 이르는 대규모 사절단이 일본을 방문했고, 통신사 행렬이 지나가는 곳마다 일본인들의 열렬한 환영이 있었다고 해요.

조선을 뒤흔든 임진왜란

는 전통이 남아 있어요. 우리는 대마도에 있는 동안 서산사에서 잠을 잘 거예요."

그런데 선생님, 그런데 아까 요시토시의 말을 믿지 않은 대신들은 어떻게 되었어요?

"모두가 믿지 않은 건 아니에요. 류성룡은 조선에 위기가 왔음을 알고 일본에 사신을 보내 알아봐야 한다고 주장했어요. 선조 임금은 처음에는 반대했지만 계속된 주장에 사신 파견을 허락했어요. 황윤길과 김성일이 대표단을 이끌고 일본에 다녀왔죠. 이들의 가장 중요한 임무는 일본이 과연 전쟁을 준비하고 있는 것인가 살펴보고 오

는 것이었어요. 문제는 이때부터 시작되었어요. 서인인 황윤길은 전쟁이 날 것이니 대비해야 한다고 주장했고, 동인인 김성일은 전쟁은 없을 것이라 보고했어요. 선조도 이 이야기를 듣고 매우 당황했어요. 조정도 동인과 서인으로 나뉘 싸우기 시작했어요."

와~ 전쟁이 안 난다니요. 도요토미 히데요시도 만났다면서요. 김성일은 퇴계 이황의 수제자라면서 어떻게 그럴 수 있죠? 정말 김성일은 전쟁이 일어날 걸 몰랐을까요?

"김성일도 전쟁은 날 것이라 생각했어요. 하지만 자신마저 그리 얘기를 하면 아무런 준비가 되지 않은 조정도 백성도 혼란에 휩싸일 것이라 여겼어요. 이미 백성들 중에는 짐을 챙겨 피난 가는 사람도 있었거든요. 그래서 우선은 백성을 안심시킨 다음 전쟁에 대한 대비를 하려 했던 거예요. 하지만 김성일의 뜻과는 달리 선조는 정말 전쟁이 나지 않을 것이라 믿고 그나마 전쟁을 대비하던 일들을 모두 중단시켰어요."

전쟁은 생각보다 빨리 시작되었대요. 김성일은 자신의 탓이 크다며, 일본군에 맞서다 전사했다고 해요.

 # 이순신의 승전보

이튿날 우리는 온종일 대마도 캠핑장에서 신나게 놀았어요. 바다와 숲이 어우러진 대마도는 생태 체험하기도 좋은 곳이에요. 역사 탐방만 하다가 고기 구워 먹고 수영하고 노니까 좋았어요. 대마도에서 이틀을 보내고 부산으로 가는 배를 탔어요. 좀 아쉽기도 하고 부산에 가서 새로운 곳을 가 볼 생각을 하니 설레기도 하고 그랬어요.

부산항에 도착해서 우리는 택시를 타고 동래성으로 갔어요. 동래성은 임진왜란 때 일본군과 크게 싸운 곳이기도 해요. 동래성을 지키던 동래부사 송상현이 장렬하게 돌아가신 곳이다 보니 앞쪽에 충렬사

• 동래성 순절도

동래성을 지키는 송상현과 용감한 백성들의 모습을 그린 그림이에요.

동래부사 송상현은 장렬히 싸우다 전사했어.

가 있었어요.

"도요토미 히데요시는 20만 대군을 조선으로 보냈어요. 당시 조선은 군사를 다 끌어모아도 그 반의반도 안 되었지요. 정발 장군, 송상현 장군 목숨을 걸고 싸웠지만 군사 차이가 워낙 많이 나고 신무기 조총의 위력 앞에 당해 낼 수 없었어요. 결국 동래성은 함락되고 일본군은 거칠 것 없이 한양으로 올라갔어요."

일본군이 순식간에 한양으로 진격할 때까지 일본군을 막아 낸 장수는 없었을까요? 우리는 너무 궁금했어요.

"부끄럽지만 대부분의 장군과 사또, 관리들은 백성을 버리고 도

망가 버렸어요. 왕명으로 내려간 신립 장군만이 충주 탄금대에서 싸우다 병사들과 함께 전사했죠. 선조는 한양을 버리고 북쪽으로 몽진(피난)을 떠났어요. 그런데 거듭된 패배와 도망 소식에 절망에 빠진 조정에 첫 승리의 소식이 들려왔어요. 남해를 지키는 이순신의 승전보였죠. 모두들 떨 듯이 기뻐했어요. 주위의 반대를 무릅쓰고 이순신을 남해로 보냈던 류성룡은 누구보다도 기뻐했지요. 그 후로도 이순신의 승리 소식은 끊이지 않았어요. 특히 학 날개를 펼친 듯한 모습으로 일본 배를 포위해서 무찌른 한산도 대첩은 일본군을 공포로 몰아넣었어요."

이순신은 일본군에게 가장 무서운 이름이 되었대요. 바다에서 승전보를 올리는 동안 육지에서는 백성들이 무기를 들고 일어났어요.

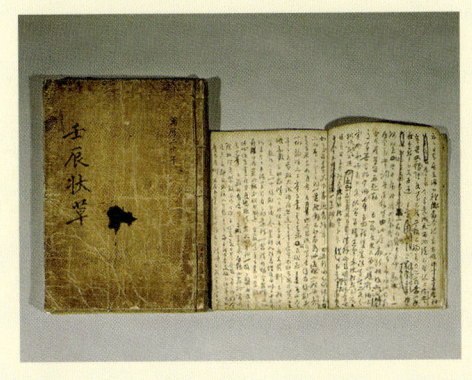

난중일기
이순신 장군이 임진왜란 중에 남긴 일기에요. 전쟁이 일어나기 직전인 1592년 1월부터 노량해전에서 목숨을 잃은 1598년 11월까지 거의 날마다 적은 방대한 기록이지요. 임진왜란 당시의 바다에서의 전투 상황, 백성들의 모습, 날씨 등 다양한 자료들이 포함되어 있어요. 전쟁 중에 겪은 일들은 군 지휘관이 이렇게 직접 기록을 남긴 것은 세계적으로도 아주 드문 일이래요. 그래서 난중일기는 유네스코 세계기록유산으로 등재되었답니다.

의병의 승리

222

"임진왜란을 승리로 이끈 사람을 말하자면, 의병을 빼 놓을 수 없어요. 최초로 의병을 일으킨 홍의장군 곽재우와 김천일, 고경명, 정문부, 조헌 등 경상도, 전라도, 함경도 할 것 없이 전국 각지에서 의병이 일어났지요. 의병은 자기가 사는 동네를 누구보다도 잘 알았기 때문에 적은 수와 볼품없는 무기를 가지고도 지형을 이용해 일본군을 괴롭혔어요. 일본군은 의병의 출현에 크게 당황했다답니다."

나라를 지키는 데는 신분의 차이나 남녀노소가 없었대요. 우리는 의병 이야기를 하면서 충렬사를 내려왔어요.

"오늘 수고 많았어요. 저녁 맛있게 먹고 쉬었다가 밤에 임진왜란 골든벨을 할 거예요. 선생님이 나눠 준 자료 열심히 읽도록 해요~ 마지막 골든벨이니까 여러분의 모든 실력을 발휘해 봐요. 선물은 과자 파티예요~"

골든벨은 모두 10문제였어요. 선생님이 8문제 이상 통과해야 과자 파티를 해준다고 하셨어요. 처음 4문제는 쉽게 맞혔어요.

"다섯 번째 문제예요~ 나이 많은 서산대사를 대신해 조선의 승병을 이끌었던 이 스님은 누굴까요?"

"사명대사요~"

"딩동댕~ 일본군을 크게 이겼던 임진왜란 3대 대첩은?"

"한산도대첩, 진주대첩, 행주대첩요~"

"제법인 걸요. 일곱 번째 문제 나가요. 명나라 군대와 함께 일본군을 물리치고 되찾은 성은 어디일까요?"

답은 평양성이죠. 우리는 연속해서 일곱 문제를 맞혔어요. 과자 파티가 눈앞에 보여요.

"이번 문제를 맞추면 골든벨 통과예요~ 어려운 문제를 내야겠어요. 도요토미 히데요시가 죽은 후에 일본의 주인이 된 이 사람은 누굴까요?"

한탐 선생님이 미리 알아오라고 하신 자료에서 보긴 했는데 이름이 정확히 기억나지 않았어요. 도쿠… 도쿠… 뭔데…

"아 맞다! 도쿠가와 이에야쓰요~ 우리와 화해하고 조선통신사도 파견하기로 했어요."

빙고~ 우리는 임진왜란 골든벨을 통과하고, 신나는 과자 파티를 열었어요.

신무기
비격진천뢰

우리들의 마지막 여행도 벌써 3일째에요. 시간이 왜 이렇게 빨리 가는지 모르겠어요. 오늘 오전은 해운대에서 놀고 오후에 경주로 간대요. 그런데 경주는 신라 아닌가요? 암튼 한탐 선생님이 알아서 잘 하시겠죠. 우린 선생님만 믿으니까요.

해운대에서 경주까지는 4칸짜리 무궁화 열차를 타고 갔어요. 선생님은 경주읍성으로 갈 거라고 하셨어요. 경주읍성이라고요? 저희도 나름대로 역탐 많이 다녔고 경주도 여러 번 갔었는데 경주읍성은 처음 들어 봤어요. 경주읍성은 경주역에서 무척 가까웠어요. 10분 정도 걸었더니, 성벽이 나타났어요.

"조선시대에도 경주는 큰 도시였어요. 당연히 동래성을 점령한 일본군이 경주를 노렸겠죠. 그런데 그때가 마침 경주 사또가 교체되던 때였어요. 일본군이 쳐들어 왔다는 소리에 부임하던 사또가 그대로 달아나 버렸답니다. 그래서 경주는 싸움 한 번 하지 않고 일본군에 빼앗겼어요."

와~ 그런 게 어디 있어요. 어떻게 자기만 살려고 오지도 않고 도

• 비격진천뢰
폭탄 안에 긴 심지를 감아 시한폭탄과 같은 원리로 사용했던 무기에요.

망가 버릴 수 있어요? 우리는 너무나도 황당하고 어이없었어요. 하지만 빼앗긴 경주를 되찾으려는 노력이 있었대요.

"첫 번째 경주를 찾으려는 노력은 실패했어요. 일본군은 매우 강했거든요. 하지만 두 번째는 신무기 비격진천뢰를 사용해 경주를 되찾는 데 성공했어요. 비격진천뢰는 이장손이 개발한 무기인데 지금의 수류탄과 비슷해요. 일본군은 처음 보는 비격진천뢰의 위력에 놀란 나머지 경주를 버리고 도망쳤어요. 의병과 관군이 힘을 합쳐 이뤄낸 결과였지요."

　조선의 과학기술은 녹슬지 않았던 거예요. 거북선, 판옥선, 천자총통, 비격진천뢰…

　전쟁 초반에는 일본 신무기 조총에 놀랐지만 우리 역시 뛰어난 무기가 많았거든요. 비격진천뢰가 터지고 일본군이 겁에 질려 도망치는 모습을 상상을 하니 짜릿한 기분이었어요.

　경주읍성을 돌아본 우리는 양동마을로 향했어요.

 # 전쟁이 끝나고

양동마을은 지난번 동방오현 이야기 때 나왔던 이언적의 고향 마을인데 한탐 선생님이 잊지 않고 우리를 데리고 오셨어요. 마지막 탐방이라 꼭 함께 가려고 생각하셨대요. 한탐 선생님께 정말 감사했어요.

양동마을은 하회마을과 함께 우리나라를 대표하는 전통 민속마을로 유네스코 세계문화유산에 지정되었대요. 양동마을에는 초등학교도 있었는데 건물이 한옥과 비슷해서 아주 예뻤어요. 우리는 양동마을 안에 있는 초가집에서 잠을 자기로 했어요.

한탐 선생님과 마을을 한 바퀴 돌아봤는데 꽤 큰 마을이었어요. 초가집과 기와집이 어울려 있는데 꼭 조선시대로 들어 온 기분이었어요. 우리는 평상에 앉아 수박을 먹으며 선

• 경주 양동마을
하회마을과 더불어 유네스코 세계유산으로 지정된 마을이에요.

228

생님의 설명을 들었어요.

"7년간의 기나긴 전쟁은 일본이 물러가며 조선의 승리로 끝났어요. 그러나 상처뿐인 영광이라고 할까요? 가장 큰 피해를 본 곳은 조선이었으니 말이에요. 국토가 황폐해졌고 농토는 1/3로 줄어들었어요. 수많은 사람들이 전쟁 중에 죽거나 다쳤고 포로로 잡혔는데 어떤 사람은 포르투갈 상인들을 통해 유럽으로 노예로 팔려 나가기도 했어요. 또, 전쟁 중에 노비 문서가 불타버리고 양반들의 체면이 땅에 떨어져 신분제가 흔들렸지요. 나라도 돈이 없으니 돈을 받고 양반을 만들어 주기도 했어요. 문화재의 손실도 엄청났어요. 궁궐들이 불타고 많은 불상과 탑이 파괴되었지요. 약탈당한 활자, 도자기, 그림은 셀 수도 없을 정도예요. 일본은 도자기를 만드는 장인, 학식이 높은 학자를 잡아가고 농사일을 시키기 위해 남자 어린이와 청소년도 많이 데려갔어요."

조선을 뒤흔든 임진왜란

전쟁으로 조선은 경제와 문화가 뒤처졌지만 반대로 일본은 전쟁 중에 잡아간 도자기 장인들과 학자들을 대접하며 문화가 크게 발달했대요. 특히 아리따 지역을 중심으로 도자기의 발달은 눈이 부실 정도였다고 해요.

"안타깝지만 이미 일어난 일을 되돌릴 수는 없겠죠? 하지만 역사는 끝나지 않았어요. 앞으로 배울 조선 후기를 기대해보세요. 기분 좋은 이야기들이 여러분들을 기다리고 있을 테니까요."

선생님 말씀이 맞아요. 역사는 아직 끝나지 않았어요. 우리는 조선후기 역사 탐방을 기대하며 집으로 출발했어요.

✱ 임진왜란 ✱

조선은 건국된 후 200년 동안 평화로운 나라였어요. 그런데 1592년 4월, 일본이 조선을 침략했어요. 아무런 준비도 대책도 마련하지 못했던 조선은, 순식간에 전쟁의 소용돌이에 빠지고 말았어요.

1591년 일본에 통신사로 다녀온 황윤길과 김성일은 전쟁 가능성에 대해 서로 다른 보고를 했어요. 류성룡의 추천으로 이순신이 전라 좌수사가 되었어요.

1592년 4월 일본이 조선을 침략하였어요.
　　　　선조는 한양을 버리고 피난을 떠났어요.
　　　 5월 일본군이 조선을 침략한 지 20여 일 만에 한양이 함락당했어요.
　　　　이순신이 옥포에서 첫 승리를 거두었어요.
　　　 7월 이순신은 한산도 앞 견내량에서 학익진 전법으로 승리하였어요.
　　　 10월 김시민은 1차 진주성 전투에서 일본군과 싸워 이겼어요.
　　　 12월 명나라 지원군 4만 3천여 명이 압록강을 건너왔어요.

1593년 1월 조선과 명나라 연합군이 함락당했던 평양성을 되찾았어요.
　　　 2월 일본군이 행주산성을 공격하였으나, 권율이 크게 승리하였어요.
　　　 4월 명나라와 일본은 조선의 반대에도 불구하고, 강화 회담을 하였어요.

1597년 1월 일본이 다시 조선을 침략해 정유재란이 일어났어요.
　　　 7월 원균이 칠천량에서 크게 패하였어요.
　　　 8월 진주성 전투에서 일본군이 수많은 조선인을 죽였어요.
　　　 9월 이순신이 명량해전에서 승리하였어요.

1598년 8월 도요토미 히데요시가 죽자, 일본군이 철수하기 시작하였어요.
　　　 11월 이순신이 승리한 노량해전으로 7년간의 전쟁인 임진왜란이 끝났어요.

임진왜란 최후의 승리자는 조선이었어요.
그러나 승리의 기쁨보다는 전쟁이 준 상처와 슬픔이 더 컸어요.

한눈에 정리하기

질문 하나,
임진왜란 때 활약한 의병에 대해 잘못 알고 있는 친구가 있어요. 누구일까요?

- 의병은 익숙한 지형을 이용해 일본군을 괴롭혔어요.
- 의병에 참여한 사람은 천민, 농민, 상인, 중인, 양반 등 다양했어요.
- 관군과 힘을 합쳐 일본군을 공격하기도 했어요.
- 나라에서 직접 모집했어요.

? ～～～～～

질문 둘,
왼쪽 페이지의 지도를 보고 임진왜란의 3대 대첩을 찾아볼까요? 이 정도야 뭐, 식은 죽 먹기죠?

- 권율 장군의 (   )
- 이순신 장군의 (   )
- 김시민 장군의 (   )

질문 셋,
다음은 무엇에 대한 설명일까요? 보기에서 답을 찾아보세요!

- 보기 : 조선예술단, 조선통신사, 조선연행사, 조선문화단

일본에 파견한 외교 사절단, 관리와 수행원 그리고 의원, 화원, 인쇄공 등 약 500여 명을 말해요.

? ～～～～～

• 정답은 238쪽에서 확인하세요!

임진왜란 때로 시간여행을 떠난다면?

진주박물관은 임진왜란에 대해서 잘 알 수 있는 박물관이야.

1. 진주대첩의 승전지
● 진주성과 국립진주박물관

아름다운 남강에 만들어진 진주성은 임진왜란 3대첩 중 하나인 진주대첩이 일어난 장소예요. 1차에서는 백성과 군인, 의병이 힘을 합세해 일본군을 막아냈지만 2차에서는 일본에게 패배하고 말았어요. 하지만 논개가 적장을 안고 남강에 뛰어드는 등 진주 사람들의 저항은 끝이 없었어요. 이러한 역사적 사실을 기려 진주성에는 임진왜란을 주제로 한 국립진주박물관이 건립되었어요. 논개의 넋을 추모하는 사당도 진주성 내에 있어요. 진주성을 찾으려면 가을이 가장 좋아요. 가을에는 남강에 색색깔 등불이 켜지는 축제가 열려 밤낮이 모두 아름답기 때문이에요.

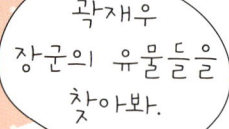

곽재우 장군의 유물들을 찾아봐.

2. 임진왜란 최초의 의병장 곽재우를 찾아서
● 의병박물관

경상남도 의령은 최초의 의병장이 나온 도시답게 우리나라를 대표하는 의병박물관이 만들어져 있어요. 전시실에서는 보물로 지정된 장검을 비롯해 임진왜란 때의 무기와 갑옷을 볼 수 있어요. 그리고 곽재우 장군을 비롯한 18 장군의 유물과 이야기를 만날 수 있어요. 전시실 중앙의 3D 전투장면은 놓치지 말아야 할 볼거리랍니다.

3. 행주치마의 전설을 간직한 곳
● 행주산성

행주산성은 서울을 지키는 중요한 성이지요. 임진왜란 때 권율 장군은 이곳에서 열 배가 넘는 일본군을 물리쳤답니다. 그때 함께 싸웠던 여인들이 병사들을 돕기 위해 치마로 돌을 날랐다는 이야기가 널리 알려져 행주치마라는 말이 생겼어요. 권율 장군의 사당인 충장사와 기념관을 살펴보고 전망대에서 펼쳐진 풍경을 바라보기 바라요.

행주산성은 한양 북쪽을 지키는 중요한 성이었어.

4. 이순신 장군의 넋을 모신 곳
● 현충사와 이순신 기념관, 이순신 장군 묘

이순신 장군의 넋을 기리고 유물을 보관한 현충사는 장군의 본가가 있는 아산에 만들어졌어요. 현충사에는 사당뿐 아니라 유물을 보관한 이순신 기념관이 있어요. 기념관에서 난중일기, 장검, 무과 합격 교지, 명나라에서 보내 준 선물 등을 찾아보세요. 그리고 한산도 대첩, 명량대첩과 같은 전투에 대해 잘 알 수 있도록 꾸며 두었으니 어떻게 승리할 수 있었는지 생각해 보는 것도 중요한 일이에요. 현충사를 나온다면 차로 10분 거리에 있는 장군의 묘소를 들러 인사드리는 것 잊지 말구요.

이순신 장군의 열성팬인 나한테는 최고의 유적지야.

나오며

　우리는 두 달 동안 조선시대 여행을 했어요. 조선이 만들어지고, 서울이 조선의 수도 한양이었을 때의 모습을 찾아가는 여행은 많이 걸어 힘들기도 했지만 아주 흥미로웠어요. 서울에 그렇게나 많은 조선시대 흔적이 있는 줄은 몰랐거든요. 태정태세문단세, 조선시대 임금님들의 이야기와 조선을 이끌어갔던 선비들의 이야기도 재미있었어요. 임진왜란으로 조선이 혼란에 빠진 것까지 배웠는데, 그 이후 조선은 어떻게 되었을까요?

　조선은 지금과 가까운 시대라 그런지 다른 시대보다 더 친숙한 느낌이었어요. 드라마와 영화, 책 속에서 조선시대 모습은 자주 본 것들이 있어 훨씬 이해하기 쉬웠어요. 자주 접하면서 관심을 갖고 알아가다 보면 굳이 외우려 하지 않아도 자연스럽게 많은 역사적 지식들이 내 것이 된다는 사실을 알았어요. 앞으로의 역사공부도 더 재미있어지겠다는 생각이 들어요.

　한탐 선생님 말씀이 우리가 이번에 다녀왔던 곳들은 500년 조선 역사에서 앞에 200년 정도에 해당하는 곳이래요. 조선시대는 남아있는 자료가 많아 여행하는 기간이 다른 시대보다 더 길 거라고 하셨어요. 우리가 미처 다녀보지 못한 조선시대 여행은 또 어떤 모습일지 정말 기대돼요.

한탐 선생님의 쪽지!

씩씩하고 호기심 많고 사랑스러운 우리 사총사!
여러분과 함께 해서 선생님도 너무 즐겁고 행복한 시간이었어요.
조선시대 이야기는 아직 끝나지 않았죠?
임진왜란이라는 큰 전쟁을 겪고 난 뒤 조선은 변화의 시간을 맞이해요.
그 변화가 어떤 것인지 잘 생각해보고 찾아보세요.
점점 우리가 사는 시대와 가까워지고 있어요.
앞으로의 한국사 탐험도 즐거운 시간이 되기를 바라요.

정 답

스물다섯 번째 여행

질문 하나
①경복궁
질문 둘
장난이
질문 셋
종묘 - ㄴ, 경복궁 - ㄱ, 사직단 - ㄹ, 창덕궁 - ㄷ

스물여섯 번째 여행

질문 하나
목멱산, 호랑이, 숭례문, 수표
질문 둘
예(禮), 인(仁), 정(靖), 의(義)

스물일곱 번째 여행

질문 하나
중국, 백성, 스물여덟, 나날이
질문 둘
장난이
질문 셋
혼천의, 앙부일구, 자격루, 측우기

스물여덟 번째 여행

질문 하나
상례, 제례, 혼례, 관례
질문 셋
상상이

스물아홉 번째 여행

질문 하나 사육신
질문 둘
성삼문, 신숙주
질문 셋
장난이

서른 번째 여행

질문 하나
성종, 연산군, 중종, 인종
질문 둘
장난이
질문 셋
사림, 4번, 사화

서른한 번째 여행

질문 하나
장난이- 신사임당의 아들이자 조선의 대학자로, 십만양병설을 주장하셨어요.
상상이- 조선의 대학자로 유학에 대한 지식이 아주 깊으셨어요.
질문 둘
투덜이

서른두 번째 여행

질문 하나
상상이
질문 둘
행주대첩, 한산도 대첩, 진주대첩
질문 셋
조선통신사

사진출처

P17 천조선전도, 서울역사박물관
P18 수선전도, 서울역사박물관
P21, P37, P38 종묘 정전, 저자촬영
P23, P37 사직단, 문화재청
P25 사직단, 문화재청
P27 광화문, 저자촬영
P27, P37, P39 경복궁 근정전, 저자촬영
P27 사정전, 문화재청
P27 경회루, 문화재청
P31 창덕궁 세계문화유산 표시돌, 저자촬영
P30, P37 창덕궁, 저자촬영
P32 금천교, 문화재청
P32, P37 정릉, 문화재청
P34 광통교 옛 정릉 석물, 저자촬영
P38 서울역사박물관 1전시실, 저자촬영
P39 동구릉, 문화재청
P43 보신각, 저자촬영
P45 청계천, 저자촬영
P47 청계천 수표 (앞, 뒤), 저자촬영
P48 흥인지문, 저자촬영
P52 한양도성, 문화재청
P55 각자석성, 저자촬영
P60 숭례문, 저자촬영
P62 남산 봉수대, 저자촬영
P66 한양도성박물관, 저자촬영
P66 청계천, 위키피디아
P67 인왕산 국사당, 문화재청
P67 세종로 옛 관청 표시석, 저자촬영
P70 훈민정음 해례본, 문화재청
P73, P95 영릉, 저자촬영
P79, P93 자격루, 국립고궁박물관
P81, P93 측우기, 저자촬영
P84 종묘제례 모습, 문화재청
P87 경복궁 수정전, 저자촬영
P88 육진개척도, 문화재청
P93 혼천의, 저자촬영
P93 앙부일구, 저자촬영
P94 국립한글박물관, 저자촬영
P94 세종이야기, 저자촬영
P95 세종대왕기념관, VISIT SEOUL NET
P101 순종어차, 저자촬영
P104 남산한옥마을 전경, 저자촬영
P107 도편수 이승업 가옥, 저자촬영
P110 농업박물관, 저자촬영
P122 국립고궁박물관, 저자촬영

P122, P228 경주 양동마을, 경주시청
P123 안동 하회마을, 문화재청
P123 낙안읍성 민속마을, 문화재청
P129, P148 사육신묘, 저자촬영
P136 관음송, 영월군청
P136 단종어소, 영월군청
P137 노산대, 문화재청
P139 장릉, 영월군청
P144 악학궤범, 위키피디아
P149 청령포, 영월군청
P149 장릉, 문화재청
P153 경국대전, 문화재청
P158, P176 연산군 묘, 저자촬영
P164, P177 심곡서원, 저자촬영
P168 정릉, 저자촬영
P168 온릉, 문화재청
P168 희릉, 문화재청
P168 태릉, 문화재청
P176 선릉, 저자촬영
P177 태릉, 문화재청
P180 구 천 원권 지폐, 저자촬영
P187 도산서원, 문화재청
P188 성균관, 문화재청
P192 율곡 이이 영정, 한민족정보마당
P196 이이의 묘, 저자촬영
P197 초충도, 문화재청
P202 도산서원, 문화재청
P202 이황 영정, 한민족정보마당
P202 성학십도, 우리역사넷
P202 율곡 이이 영정, 한민족정보마당
P202 자산서원, 서원연합회
P202 격몽요결, 문화재청
P204 소수서원, 문화재청
P205 도산서원, 문화재청
P205 오죽헌, 저자촬영
P210 대마도, 저자촬영
P213 반쇼인, 저자촬영
P215 조선통신사, 위키피디아
P218 동래성 순절도, 위키피디아
P221 난중일기, 위키피디아
P226 비격진천뢰, 위키피디아
P234 국립진주박물관, 문화재청
P234 의병박물관, 의병박물관
P235 행주산성, 문화재청
P235 현충사, 이순

아빠, 한국사여행 떠나요! 4

초판 1쇄 펴낸 날 2017년 6월 2일

지은이 김민아 | **그린이** 나인완 | **펴낸이** 홍정우 | **펴낸곳** 코알라스토어
책임편집 남슬기 | **디자인** 나선유 | **마케팅** 정다운
주소 (121-894) 서울특별시 마포구 양화로7안길 31(서교동, 1층)
전화 (02)3275-2915~7 | **팩스** (02)3275-2918 | **이메일** garam815@chol.com
등록 2007년 11월 30일(제313-2007-000238호)

ISBN 979-11-88073-05-4 (74900)
ISBN 978-89-94194-81-3 (세트)
ⓒ 코알라스토어, 김원미, 김명선, 이기범, 김민아, 2017

이 도서의 국립중앙도서관 출판예정도서목록(CIP)은 서지정보유통지원시스템 홈페이지(http://seoji.nl.go.kr)와 국가자료공동목록시스템(http://www.nl.go.kr/kolisnet)에서 이용하실 수 있습니다.(CIP제어번호: CIP2017011280)

이 책은 저작권법에 따라 보호받는 저작물이므로 무단전재와 무단복제를 금합니다.
이 책 내용의 전부 또는 일부를 이용하려면 반드시 저작권자와 코알라스토어의 서면 동의를 받아야 합니다.

*코알라스토어는 브레인스토어의 유아·아동 브랜드입니다.